Luigi Ranieri

Die Loge

Macht und Geheimnis der Freimaurer

Aus dem Italienischen übertragen
und überarbeitet von
Christoph Rinser

BASTEI LÜBBE

BASTEI LÜBBE TASCHENBUCH
Band 70159

1. Auflage: August 2000

Vollständige Taschenbuchausgabe

Bastei Lübbe Taschenbücher ist ein Imprint
der Verlagsgruppe Lübbe

Deutsche Erstveröffentlichung
Titel der italienischen Originalausgabe:
LA MASSONERIA

Umschlaggestaltung: Wustmann & Ziegenfeuter,
Dortmund
Satz: Textverarbeitung Garbe, Köln
Druck und Verarbeitung: Ebner Ulm
Printed in Germany
ISBN 3-404-70159-3

Inhaltsverzeichnis

Einführung

Diese Arbeit bemüht sich um objektive Darstellung. Sie wendet sich zunächst an all jene, die schon einmal etwas über die Freimaurerei gehört oder gelesen haben und nun den Wunsch verspüren, sie genauer kennen zu lernen, bevor sie sich ein Urteil erlauben. Dann aber möchte ich besonders mit jenen zusammenarbeiten, in denen das Interesse erwacht ist, zu wissen, wie und warum man Freimaurer wird, oder die schon vor einem Angebot der Aufnahme stehen

Unter »Zusammenarbeit« verstehe ich, dass der Leser in die Untersuchung mit einbezogen werden soll. Die Absicht ist, mit ihm gemeinsam einige Pfade zu durchlaufen, auf denen er eine neue Erfahrung machen kann. Deshalb wird in diesem Buch der Plural gebraucht: wenn es »wir« heißt, sind der Schreibende und der Leser gemeint.

Nach der Einweihungstradition »wird ein Schüler auf einen Weg gestellt, den er allein gehen wird … Der Meister ist nichts anderes als ein ehemaliger Schüler, der den Weg bereits gegangen ist«.

Der Autor möchte sich deshalb auch nicht so sehr als »Meister« verstanden wissen, sondern als Helfer auf diesem Weg. Es liegt ihm am Herzen, einfach nützlich zu sein in dem Bewusstsein, dass – wie die Tradition lehrt –

derjenige, der hilft, besser zu sehen, selbst eine klarere Sicht erlangen wird.

Stellen wir uns also vor, dass jemand vor einer Einladung stehe, in die Freimaurerloge einzutreten, oder ein persönliches Interesse entwickelt habe einzutreten. Wir erfahren, dass es zwei Möglichkeiten gibt:

- den *Ruf* (oder *die Kooptation*), d.h. ein Freimaurer schlägt die Aufnahme des Interessierten vor;
- den *Antrag*, den der Interessierte, der über keinen persönlichen Kontakt zu einem Freimaurer verfügt, über den Weg der Kontaktsuche stellt, indem er schreibt, telefoniert oder persönlich »anklopft«.

Im einen wie im anderen Fall wird der »Anklopfende« sofort feststellen, wie viele Leute bereit sind zu sprechen und Urteile abzugeben, auch wenn sie oft gar keine Kenntnis besitzen.

Er wird sich in der Regel zwei Fragen stellen:

- Was ist die Freimaurerei wirklich, d.h. woher kommt sie, wer gehört zu ihr, wohin will sie führen?
- Warum möchte ich an ihr teilhaben, also: Was kann ich in ihr finden, was meinem Streben und meinen Wünschen entspricht; was kann sie für meine Bedürfnisse bieten?

Die erste Frage ist ein unverzichtbarer Schritt, der zur eigentlichen Grundlage der Kenntnis wird. Es ist deshalb nötig zu wissen, wie die Freimaurerei entstand, wer im

Lauf der Zeit zu ihr gehörte, warum sie gewählt wurde, welches Schicksal sie erfahren hat, ob es eine Kontinuität zwischen gestern und heute gibt und so weiter.

Der zweite Schritt erfordert in Bezug auf Ziele und Mittel eine andere Art der Suche: was erfährt in der Praxis derjenige, der sich der Freimaurerei nähert, ihr beitritt oder sich von ihr entfernt; welche Antworten gibt sie auf die existentiellen Fragen?

Die zwei Teile dieses Buches entsprechen diesen zwei Fragen, auf die sie Antwort geben wollen; dabei ist es unvermeidlich, dass sie sich des öfteren überschneiden. Der Autor ist bemüht, keine Urteile und Wertungen abzugeben, die jeder Leser seiner eigenen Sicht der Dinge und seinen Erfahrungen entsprechend für sich selbst finden muss.

Bei der Arbeit an diesem Buch, die sich auf eine umfangreiche Bibliographie stützt, hat der Autor sich mit der Welt der Legenden, des Mythos und der Tradition befasst, um alles zu sammeln, was mit dem Gegenstand, nämlich der Freimaurerei, in Verbindung gebracht werden kann. Von den Mythen, etwa jenem von der Geburt der Religionen oder von Herkules, gelangen wir zu den ersten Spuren einer »initiatischen« Tradition, also von Gemeinschaften, deren Mitglied man durch »Einweihung« wird.

Einigen Persönlichkeiten der Geschichte, die als große Eingeweihte angesehen werden können, ist das nächste Kapitel gewidmet; an deren Beispiel können wir verstehen, was »Eingeweihtsein« wirklich bedeutet.

Im darauf folgenden Kapitel beschäftigen wir uns mit den Berufsvereinigungen des Mittelalters, also den Zünften und Bauhütten, mit den Alchimisten, mit dem Templerorden und den Rosenkreuzern. Dabei behalten wir immer den geheimnisvollen Faden im Auge, der in der Geschichte die Ereignisse, die Verhaltensweisen und die Ziele der Menschen verbindet.

Es folgt die Geschichte der modernen Freimaurerei und des weiten und komplexen Feldes der verschiedenen Gruppen, die sich im Lauf der Zeit gebildet haben, sich zusammenschlossen, sich trennten, verschwanden und wiedererstanden, sowie deren Verfassungen.

Im letzten Kapitel des ersten Teils werden die wichtigsten in Europa anzutreffenden Riten dargestellt.

Das vorliegende Buch kann nur Hinweise geben, einen ersten Einblick, der dem ernsthaft Interessierten zu oberflächlich erscheinen mag. Es ist Aufgabe des Lesers, das zu vertiefen, was ihn am stärksten berührt hat. Er wird in weiterführender Literatur und im Kontakt und Gespräch mit schon »Angenommenen« seinen Wissensdurst befriedigen können. Der schönste Lohn für den Verfasser dieses Buches wäre, wenn im Leser das Verlangen geweckt würde, sich ein gründlicheres und tieferes Wissen über die Freimaurerei anzueignen.

Derjenige jedoch, der sich bereits in der Nähe der »Pforte des Tempels« aufhält, also ein ernsthaftes Interesse an der Freimaurerei entwickelt hat, sich aber noch nicht entschließen konnte anzuklopfen, soll in der Weise miteinbezogen werden, dass wir uns in seine Lage versetzen und seine Suche mit ihm durchleben.

Der erste Teil des Buches endet mit je einem Kapitel über die Freimaurerei in Italien und in Deutschland.

Im zweiten Teil wollen wir diese Suche eines imaginären Anwärters in ihren wichtigsten Schritten nachvollziehen: Wir begleiten den »Profanen«, also den, der noch »vor der Pforte des Tempels« steht, in den Tempel; wir sehen mit seinen Augen die symbolische Darstellung des Tempels und der Loge; wir erfahren mit ihm die Bedeutung der Geräte im Ritus und erleben mit ihm die Initiation im Rhythmus und in der Harmonie der Zeremonien; wir hören vom wahren Geheimnis der Freimaurer und ihrer Arbeit für das Wohl der Menschheit; wir erfahren einiges über die Organisation der Freimaurer von den anfänglichen symbolischen Graden der »Blauen Freimaurerei« bis zu den philosophischen Graden der schottischen Großloge.

Natürlich kann man nicht über die innere Erfahrung reden, wie man sie auf dem Weg der Einweihung in den verschiedenen Bewusstseinsstadien erlebt, denn es handelt sich um sehr persönliche und intime Momente, die man nur sehr schwer vermitteln kann.

Der Adressat dieses Buches ist – wir bekennen es freimütig – vor allem der Anwärter für die Freimaurerei. Er möge uns nachsehen, dass wir ihm keinen tieferen Einblick geben können. Wir bieten ihm nur Samen, die aus früheren Kulturen überliefert wurden. Wir sind sicher, dass diese Samen aufgehen werden, wenn sie auf geeigneten Boden fallen,

- wenn man mit Geduld ihr Keimen und Wachsen abwartet, wenn man sich nicht verleiten lässt, einen Prozess in Eile zu konsumieren, der von seinem Wesen her keine Sprünge machen kann,
- wenn man den Weg verfolgt, der im zweiten Teil dieses Buches vorgezeichnet wird, und sich mit dem Profanen identifiziert, der den langen Weg der Initiation durchläuft,
- wenn man sich dem unverzichtbaren Instrument der Meditation anvertraut …

dann wird etwas von diesen Samen das »Licht« erblicken.

Ein Interview mit einem alten Meister, das über die Erfahrungen eines Mannes berichtet, der seit Jahrzehnten Freimaurer ist, beschließt das Buch. Dessen persönliche Äußerungen sind sicher geeignet, eine eher theoretische Abhandlung mit Leben zu erfüllen.

I

Wesen und Geschichte der Freimaurerei

Legenden, Mythen und Mysterien

Die moderne Freimaurerei wurde am 24. Juni 1717, am Fest Johannes des Täufers, begründet. An jenem Tag schlossen sich der Theologe James Anderson, der Physiker Théophile Désaguliers und der Kunsthistoriker George Payne zur ersten Großen Freimaurer-Loge von London zusammen (die später »Große Loge von England« heißen wird) und wählten zum Großen Meister Anthony Sayer.

Dies ist der offizielle Beginn der modernen Freimaurerei als Organisation. Doch wo liegen ihre geistigen Ursprünge?

Die Freimaurerei als initiatische Schule hat sehr weit zurück reichende Wurzeln. Um diese zu finden, muss man weit hinter die dokumentierten Spuren zurückgehen, die ihre Ziele und Prinzipien definieren und ihr einen Platz in der Geschichte zuweisen. Man muss in einem langen Aufstieg bis zu den faszinierenden Gefilden der Mythen und Legenden gelangen, die sich mit den Mysterien in das Gesamt der Riten und der Symbolik einfügen und mit ihnen ein fortlaufendes Band bilden. Dieses Band nennen wir »Tradition«, eine Brücke, die uns gestattet – in der Freimaurerei wie in allen anderen tradierten Weisheitslehren –, uns mit der Vergangenheit zu verbinden und uns in die Zukunft zu versetzen.

Sehen wir uns also einige Mythen und Legenden, die in Verbindung zur Freimaurerei stehen, etwas genauer an.

Die Legende von der Geburt der Religionen

Die wohl naivste und fantastischste Geschichte wird von dem Historiker Smitz erzählt: Nach ihr war der erste Träger des freimaurerischen Geheimnisses kein geringerer als Adam, der vom Ewigen Vater »im Osten des Paradieses« mit allen erforderlichen Riten als »Freimaurer aufgenommen« wurde. Es handelt sich um eine Deutung, die in hübscher und allegorischer Form bezeugen will, dass die Freimaurerei seit Beginn der Menschheit existiert habe. Es ist nichts anderes als die außergewöhnliche Geschichte von der Geburt der Religionen, oder besser: der Religiosität, des Bewusstseins von der Gegenwart des Heiligen in jeder Zeit und jeder Kultur.

Bereits die ersten Menschen kamen – wie wir aus der Geschichte vom »Sündenfall« wissen – mit Gut und Böse in Berührung. Einige Menschen begannen, sich um »lichte Ideale« zu versammeln in dem Bestreben, diese zu verbreiten. Es handelte sich immer um Minderheiten, die sich regelmäßig an besonderen Orten trafen, die sie »Tempel« nannten.

Wo auch immer ein Tempel (oder zumindest eine Spur von einem Tempel) entdeckt wurde, können wir sicher sein, dass in fernen Zeiten von ihm etwas ausging, das sich in die Tradition der Freimaurer einfügt. Nicht zufällig ist der Tempel die zentrale Idee und die konkrete Vergegenwärtigung der Freimaurerei: ein Tempel, der errichtet ist zur Ehre des Einen Gottes, den die Freimaurer noch immer den »Architekten des Universums« nennen. Um in diesen Tempel – physisch oder metaphorisch – einzutreten, musste und muss man »eingeweiht« sein.

Hiram und der Tempel Salomons

Es gibt eine weitere berühmte Legende, deren Spuren wir auch in der Bibel finden und die wir mit großer Aufmerksamkeit betrachten müssen: jene von der Errichtung des Tempels Salomons und von seinem Erbauer Hiram.

Stellen wir uns eine enorme Baustelle vor, auf der Tausende von Arbeitern an der Errichtung eines großen Gebäudes arbeiten: des Tempels, den König Salomon zu Ehren des Absoluten Gottes, des Einen Herrn errichten lässt, dessen Name nur ein einziges Mal im Jahr ausgesprochen werden darf, und zwar ausschließlich vom Hohenpriester.

Die Arbeiter sind in drei Grade eingeteilt: Lehrlinge, Gesellen und Meister. Die Angehörigen eines jeden Grades erhalten ihren Lohn an einem besonderen Ort: die Lehrlinge an einer Säule, die mit dem Buchstaben B gekennzeichnet ist; die Gesellen an einer anderen Säule, gekennzeichnet mit dem Buchstaben J; die Meister in einem umzäunten, im Osten gelegenen Gebiet, das »mittlerer Raum« genannt wird. Jeder Grad ist Träger besonderer

Geheimnisse, Zeichen, Losungswörter, Sätze, die der Erkennung dienen, benutzt besondere Rhythmen beim Anklopfen und Applaudieren und ein »heiliges Wort«, das immer auf eine besondere und unverwechselbare Art ausgesprochen werden muss. Die Arbeitszeit wird stets mit dem Grad abgestimmt und ist symbolisch an den Lichtkreislauf der Sonne gebunden.

Lehrlinge, Gesellen und Meister arbeiten, und während ihrer Arbeit vollziehen sie je eigene Riten; andere, »spezielle« Riten werden ausgeführt, wenn ein Profaner, eine nicht zur Baustelle gehörende Person eintritt und zur Bruderschaft zugelassen, also »eingeweiht« wird. In der großen Baustelle herrschen eine perfekte Ordnung, eine eiserne Disziplin und ein absoluter Gehorsam gegenüber den Oberen der Hierarchie.

Anlässlich eines Besuches bei König Salomon habe die Königin von Saba – so berichtet die Legende weiter – den Wunsch geäußert, alle Arbeiter auf dem Platz vereint zu sehen. Es habe ein einziger Wink von Hiram, dem Architekten und Leiter, genügt, und schon hätten sich die Tausende von Arbeitern sofort in drei Reihen, je eine für jeden Grad, aufgestellt, in perfekter Ausrichtung wie beim Appell, und jeder Einzelne habe mit der Hand seinen Grad angezeigt. Die Königin sei überwältigt gewesen und habe ihre volle Bewunderung für eine so untadelige Organisation ausgesprochen.

Die Legende setzt sich mit dramatischen Akzenten fort: Drei »böse Brüder« hätten eine Intrige angezettelt, um Hiram zu töten und ihn des geheimen Wortes zu berauben. Jede Handlung, jedes erzählerische Moment dieses Finales ist stark symbolisch und grundlegend für das Verständnis der freimaurerischen Arbeit.

Diese Legende, die viele Spuren hinterlassen hat, besonders in den ersten drei Graden, ist wichtig, weil sie wie ein Psychodrama in der Entwicklung des Bewusstseins benutzt wird. Ihre Bedeutung als Mysterium muss begriffen, vertieft und innerlich nachgelebt werden, bis man die archetypische Kraft des Sonnen-Helden spürt, verkörpert von Hiram, der ermordet wird, jedoch aufersteht. Wir finden diese Vorlage bei vielen anderen Persönlichkeiten: Osiris, Mithras, Adonis, Dionysos …

Hiram verkörpert die Sonne, wie Osiris, dessen Tod von seiner Gemahlin Isis, die die Natur verkörpert, beweint wird; diese »weinende Braut« ist die Witwe par excellance, und die Freimaurer nennen sich – in Übereinstimmung mit der Überlieferung – nicht zufällig »Söhne der Witwe«.

Die zwölf Aufgaben des Herkules

Die zwölf Aufgaben des Herkules, jener berühmte Abschnitt in der klassischen Mythologie, stellen ein weiteres Verbindungsglied zwischen der freimaurerischen Tradition und dem kulturellen Erbe seit den Anfängen der Menschheit dar.

Da nicht jeder Leser sich aller zwölf Aufgaben erinnern wird, seien sie hier der Reihe nach aufgezählt; außerdem werden sie dem jeweiligen Tierkreiszeichen zugeordnet (s. Tab. 1).

Tab. 1: Aufgaben der jeweiligen Tierkreiszeichen

Aufgabe	*Tierkreiszeichen*
1. Einfangen der menschenfressenden Stuten des Königs Diomedes	Widder
2. Einfangen des Stieres von Minos auf Kreta	Stier
3. Einsammeln der goldenen Äpfel der Hesperiden	Zwillinge
4. Einfangen der heiligen Hirschkuh Kerynitis	Krebs
5. Tötung des Löwen des Nemeas	Löwe
6. Eroberung des Gürtels der Hippolyta, Königin der Amazonen	Jungfrau
7. Einfangen des Ebers von Erymanthos	Waage
8. Tötung der Hydra von Lerna	Skorpion
9. Verjagen der Vögel des Stymphalos	Schütze
10. Abstieg zum Hades, um Kerberos zu holen	Steinbock
11. Reinigen des Augias-Stalles	Wassermann
12. Einfangen der Rinder des Geryones	Fische

Nach der freimaurerischen Tradition ist Herkules ein Eingeweihter, und sein Weg, auf dem er die zwölf schwierigen Prüfungen auf sich nehmen und bestehen muss, ist ein Weg der Initiation. Das Ziel ist, den göttlichen Urzustand wieder zu erlangen, und die Analogie zum Archetyp des Garten Eden, des verlorenen Paradieses, aus dem der Mensch, sein ursprünglicher und göttlicher Bewohner, nach dem Fall vertrieben wurde, ist evident. Jener heroische Mensch, in dem sich jedes durch die Initiation erweckte Individuum erkennt, sehnt sich danach, das verlorene Paradies wieder zu erobern und in seine ursprünglichen göttlichen Eigenschaften integriert zu werden.

Der Mythos von Orpheus

Ein anderer Mythos, der sich in unterschiedlichen Formen in allen Kulturen findet, ist jener von Orpheus, dem Dichter und Sänger, der mit dem Klang seiner Lyra auch die Tiere verzaubern kann. Orpheus erhält als einziger Lebender von den Göttern die Erlaubnis, in das Totenreich hinabzusteigen und seine geliebte Eurydike zu suchen und zu den Lebenden zurückzubringen. Die Tradition betrachtet auch diese Reise als einen initiatischen Weg: Orpheus steigt in die Welt jenseits des Grabes, den Hades, auf der Suche nach einem wesentlichen Teil seiner selbst, des »Weiblichen«, das von der schönen Eurydike verkörpert wird. Das außergewöhnliche Unternehmen scheitert, da Orpheus den Bitten Eurydikes nicht widerstehen kann und sich trotz der Warnung, die ihm erteilt worden war, während des Aufstieges umwendet, um sie anzusehen, obwohl er weiß, dass er sie auf diese Weise verlieren wird. Dies ist ein initiatischer Hinweis auf die Unaufmerksamkeit und die Unfähigkeit, die Leidenschaften zu kontrollieren.

Der Mythos von Daedalos und Ikaros

Ein anderer wichtiger Mythos ist jener vom Labyrinth, in dem Daedalos, Theseus und der Minotauros eine Rolle spielen.

Die Geschichte beginnt damit, dass Pasiphaë, Tochter von Minos, des Königs von Kreta, sich mit einem Stier vereint; aus dieser Vereinigung entsteht ein monströses Wesen, der Minotauros, halb Mensch, halb Stier. Um diese schreckliche Kreatur vor der Welt zu verbergen, lässt Minos vom genialsten Architekten seiner Zeit, Daedalos, einen Gefängnispalast erbauen, aus dem eine Flucht unmöglich sein sollte: das mythische Labyrinth. Danach lässt er Daedalos selbst mit seinem jungen Sohn Ikaros in dem Labyrinth einsperren, damit er das Geheimnis nicht verraten könne.

Jedes Jahr fordert der Minotauros ein Blutopfer: zwölf Knaben und zwölf Mädchen. Um diese Opfer zu beenden, wagt sich der Held Theseus in das Labyrinth. Es gelingt ihm, das Ungeheuer zu töten, und er kehrt als Sieger zurück, nachdem er mit Hilfe von Ariadne den Weg aus dem Labyrinth gefunden hatte. In der Zwischenzeit gelingt es Daedalos, für sich und seinen Sohn Flügel aus Wachs zu konstruieren, die den beiden erlauben, sich zu befreien, indem sie davonfliegen. Doch die Erregung des Fluges und das jugendliche Ungestüm lassen Ikaros zu hoch hinaufsteigen. Er nähert sich zu sehr der Sonne, und seine Flügel beginnen zu schmelzen. Der unglückliche Junge stürzt ins Meer und ertrinkt.

Auch in diesem Fall bietet uns die Tradition eine symbolische Deutung: Initiatisch ist die Unternehmung des Theseus, der durch weisen Gebrauch der Gefühle und des Mutes alle Schwierigkeiten überwindet und die »mit der menschlichen Natur vermische Bestialität« des Minotauros besiegt. Initiatisch ist auch das Drama des Daedalos: der »große Baumeister« benutzt zunächst sein Talent kalt und ohne Seele, indem er unkritisch dem tyrannischen Wunsch des Minos entgegenkommt, ohne sich moralische Fragen zu stellen – ein Verhalten, das wir auch in unserer wissenschaftsgläubigen Zeit antreffen; doch als er, eingesperrt zusammen mit seinem Sohn, sich seines Irrtums bewusst wird, wendet er seine Genialität der Befreiung zu, und sein erneuter Einsatz wird belohnt. Der junge Ikaros jedoch ist sich des Mittels, das er benutzt, noch nicht bewusst und begreift nicht, dass er »mit dem Feuer spielt«. Die Sonne bestraft ihn dafür, indem sie seine Wachsflügel vernichtet.

Für die Tradition ist im »erweckten« Daedalos das rechte Gleichgewicht zwischen Mut und Weisheit erreicht.

Dieser Mythos enthält auch insofern Hinweise auf den Weg der Initiation, als wir auf diesem Weg häufig bereit sein müssen, Dinge aufzugeben und loszulassen, auch wenn dies oft mit Schmerz verbunden ist.

Wir haben nur einige der vielen Mythen und Legenden dargestellt, die unter dem Blickwinkel der Initiation betrachtet werden können, wie ihn die freimaurerische Tradition vorgibt.

Die maurerischen Mysterien

Ein weiteres grundlegendes Kapitel der freimaurerischen Tradition betrifft die Mysterien. Die Bedeutung dieses Wortes ist nicht immer zutreffend erkannt, und oft ruft es seltsame und verwirrende Bilder hervor. Um mit allen unzutreffenden Vorstellungen aufzuräumen, genügen die wenigen Angaben, die ein Wörterbuch bietet.

Die Mysterien gehen auf die griechisch-römische Welt zurück und sind Bestandteil einer initiatischen Religion, die auf eigene Lehren gegründet ist, die geheim und auf die Eschatologie gerichtet sind, d.h. auf das endzeitliche Schicksal des Menschen. Auch die katholische Religion hat ihr Mysterium, eine Wahrheit, die der Verstand nicht begreifen kann und nicht begreifen darf, da sie Gegenstand des Glaubens ist.

Schon immer waren die Menschen angezogen vom Unbekannten, vom »Geheimnis«, verstanden als das, was man nicht wissen kann. Der Drang hin zum Mysterium ist Teil des Erkenntnisstrebens, das dem menschlichen Geist wesentlich ist, auch wenn diese Eroberung, die letztlich die Eroberung der Wahrheit ist, Risiken birgt: Sokrates, Galilei, Giordano Bruno und all jene, die ihren Durst nach geistiger Freiheit teuer bezahlt haben, sind Zeugen dafür.

Und doch wird das Streben nach der Wahrheit immer und überall Teil der menschlichen Bestimmung bleiben, wie Dante in der »Divina Commedia« in der Ermahnung des Odysseus an seine Männer schreibt: »Gemacht seid ihr nicht, um wie Tiere zu leben, sondern um Tugend und Kenntnis zu erlangen.«

Das Erlangen der Erkenntnis ist eng verknüpft mit der Befreiung von der Furcht. Dies ist der Grund, warum nur eine Minderheit wünscht und sich dafür entscheidet, sich dem Mysterium zu nähern und sich wirklich darauf vorzubereiten, um symbolisch die »Säulen des Herkules« der

Erkenntnis zu überwinden, wobei sie einer Mehrheit gegenübersteht, die sich verweigert, sich nicht vorbereitet, das Mysterium beiseite schiebt und dennoch kritisiert, anklagt, verurteilt.

Das Mysterium durchzieht die Geschichte und die menschliche Religiosität.

Es genügt, dass ein Mensch sich von Vorurteilen und Vorstellungen befreit, die nicht seine eigenen sind, und sich zu fragen beginnt: »Wer bin ich? Woher komme ich? Wohin gehe ich?« – und schon steht er dem Mysterium gegenüber. Wenn er sich dann frei entscheidet, eine Antwort zu suchen, wird er sich auf einen Weg von Erfahrungen begeben – und anders wäre es gar nicht möglich –, der seine Kenntnis erweitern wird, um zu begreifen, zu entdecken und zu ergründen. Er wird verstehen, was die so genannten »Vier Worte des Magiers« bedeuten: wollen, können, wagen, schweigen; er wird auch verstehen, was der legendäre Satz am Giebel des Apollo-Tempels in Delphi bedeutete: »Erkenne dich selbst, und du wirst das Universum und die Götter erkennen.«

Dieser Mensch wird, wenn er konsequent ist, den Weg des Erwachens, oder besser: den Weg der Initiation und die Führung durch einen oder mehrere Meister suchen, die ihn auf diesem Weg begleiten können und ihm helfen werden zu begreifen.

Bevor wir einen Blick auf das freimaurerische Geheimnis werfen, wollen wir ein wenig bei einigen anderen bedeutenden Mysterien verweilen.

In allen Religionen stellt sich das Mysterium mit zwei Gesichtern dar: Auf der einen Seite verlangt es unbedingte Annahme, Ehrfurcht und Ergebenheit gegenüber dem Priester, der die einzige Stimme der Gottheit und alleiniger Verwalter des Opfers ist. Auf der anderen Seite bietet das Mysterium die Möglichkeit, von der Furcht befreit, zum Opfer zugelassen, mit einem Wort: eingeweiht zu werden.

Und so entspringt aus dem Mysterium der Sinn der Einweihung: das Opfer drückt das Streben des Menschen aus, mit der Gottheit in Verbindung zu treten, um dem Tod zu entfliehen und sich zu retten, indem er in die Unsterblichkeit eintritt. Dies kann nur geschehen durch die »Vergöttlichung«, in der der Mensch wieder zu einem Teil des Göttlichen wird, so wie der Funke vom großen Feuer absorbiert wird, das ihn erzeugt hatte. Dieser Weg wird klar aufgezeigt von den Mysterien des Mithras, des Dionysos, der Kybele, von Adonis und auch jenen der frühen Christen.

Alle Mysterien waren oder sind noch immer gekennzeichnet von initiatischen Riten, von Wegen oder Reisen, von Prüfungen (in der Regel bezogen auf Erde, Luft, Wasser und Feuer), von geheimen Zeremonien, von sakramentalen Mahlen, von Handlungen, die Tod und Auferstehung bedeuten. Lebt und erfährt man uneingeschränkt die Teilnahme am Mysterium, wird man eine beachtliche Erweiterung seines Bewusstseins erfahren; damit ist die Möglichkeit verbunden, Visionen und Intuitionen zu ernten, die einen Vorgeschmack auf die höchste Seligkeit und die Freude bieten, die wir empfinden mögen, wenn wir in den göttlichen Zustand wieder eingegliedert sein werden, aus dem der Mensch kommt und zu dem er zurückkehren möchte.

Dieser Weg stellt das Rückgrat der freimaurerischen Mysterien dar. Wer fähig ist, ihn in der Praxis und bewusst zu leben, wird sich nicht wundern, wenn er die Behauptung hört, dass die Freimaurerei die humanste und vollständigste aller natürlichen Religionen ist.

Das Ziel der Freimaurerei ist es, alle Menschen, die wirklich in »das Haus des Vaters zurückzukehren« wünschen, zu Eingeweihten zu machen.

Dabei ist jedoch zu beachten, dass die Freimaurerei eine »virtuelle« Einweihung verleiht, d.h. jeder Eingeweihte *kann* aufgrund seiner Einweihung zur Vergöttlichung gelangen. Es ist verständlich, dass es nicht allen gelingt und dass auch nicht alle es wollen; viele schlagen andere Wege ein und entwickeln andere Absichten. Wie in jeder Vereinigung von Menschen gibt es leider auch in der Freimaurerei falsche Jünger und falsche Propheten, und es stimmt, was Felice Cavallotti im vorigen Jahrhundert schrieb: »Die Freimaurer sind anständige Menschen, aber alle Gauner kommen zu den Freimaurern.«

Derartige Erscheinungen trifft man in allen Bereichen: wie viele Anwälte, Ärzte, Richter, Politiker, Verwalter usw. haben den eigenen Berufsstand beschmutzt durch ihr unsauberes, eigensüchtiges, kriminelles Verhalten? Doch das Fehlverhalten des einzelnen kann nicht die Verbands- und Berufsregeln entkräften.

Die Freimaurerei verehrt die Freiheit und respektiert den freien Willen. Der Eingeweihte selbst muss von Mal zu Mal bei jeder seiner Handlungen entscheiden, ob er den Weg des Guten oder des Schlechten wählt. Die Freimaurerei zeigt den Weg, »initiiert« in dem Sinn, dass sie »auf den Weg stellt«, doch jeder Freimaurer bleibt letzten Endes schrecklich frei und für sich selbst verantwortlich.

Exkurs über das »Geheimnis der Freimaurer«

Viel wird gerätselt um dieses »Geheimnis«. Es ist einer der wichtigsten Angriffspunkte gegen die Freimaurerei, der schon in den ersten päpstlichen Bullen auftaucht und seither immer wieder von den Gegnern ins Feld geführt wird.

Das vorliegende Buch und Hunderte anderer Bücher, die in vielen Sprachen über die Freimaurerei erschienen sind, stellen im Grunde einen Gegenbeweis dar: Wenn alle äußeren Dinge, alle Rituale, alle Regeln, alle Strukturen so offen dargestellt werden können – worin liegt denn dann noch ein Geheimnis?

Auslöser für diese Diskussion ist wohl das Gelöbnis, das der neu Eintretende abzulegen hat und in dem er ausdrücklich gelobt, »Verschwiegenheit zu bewahren über die Gebräuche und inneren Angelegenheiten der Maurerei und mit niemandem darüber zu sprechen, den [er] nicht sicher als Maurer erkennen kann«.

Ist dieses Gelöbnis wirklich so aufregend? Wird die Geheimhaltung interner Angelegenheiten nicht von den Mitgliedern vieler Gemeinschaften, Gruppen, Betriebe, Organisationen erwartet und verlangt? Gebietet nicht der

Respekt vor dem Anderen, dass man über seine persönlichen Dinge, die in der Versammlung bekannt geworden sind, nach außen Stillschweigen bewahrt?

Doch zugegebenermaßen bleibt diese Sicht des Problems ziemlich an der Oberfläche. Immerhin handelt es sich bei den Freimaurern um einen initiatischen Bund, der wie alle derartigen Bünde im Grunde ein Geheimbund ist. Doch natürlich liegen die zu verheimlichenden Dinge nicht in irgendwelchen schauerlichen Ritualen, schwarzen Messen, Blutopfern oder ähnlichen finsteren Vorgängen, wie sie der Freimaurerei vielfach angedichtet wurden.

Sie liegen vielmehr auf der Ebene dessen, was im Innern des Menschen geschieht. Es ist das Geheimnis des persönlichen Erlebens einer Kulthandlung, durch die man zum einen in einen Bund besonderer Art aufgenommen, zum andern aber auf einen inneren Weg gebracht wird, den man selbst gehen muss und nur selbst gehen kann.

Auch wenn alle Rituale veröffentlicht sind, bleiben sie für den nicht Eingeweihten leer, unverständlich, nicht nachvollziehbar – wie die Einweihung in jeden anderen Mysterienbund.

Ein weiterer Grund für die Abschirmung der Logenarbeit nach außen liegt in der Furcht vor ihrer Profanisierung. Wie könnte man noch in Ruhe an den so hohen Zielen der Freimaurer arbeiten, wenn ständig Neugierige anwesend wären, die nicht eingeweiht sind und deshalb vom wahren Wesen der Arbeit nichts verstehen können und so nur stören würden? Die Arbeit einer Gruppe kann nur gelingen, wenn alle Teilnehmer vom selben Ziel und denselben geistigen Grundlagen zusammengehalten werden, so dass ihre Energien sich vereinen können.

Schon an dieser Stelle wollen wir allerdings auf ein Argument hinweisen, das wir später behandeln werden: die »Geheimloge P2« in Italien. Wir nehmen hier vorweg, dass das »Geheimnis« dieser Loge nicht etwa in irgendwelchen Ritualen oder Gebräuchen bestand, sondern in den Namen ihrer Mitglieder und deren politischen Aktivitäten. Und schon jetzt wollen wir feststellen, dass gerade dieses Verhalten von den offiziellen Logen als Abweichung vom wahren Weg der Freimaurer betrachtet und auf das schärfste verurteilt wurde. (Wie wir sehen werden, wurde die »P2« von der Großloge ausgeschlossen.)

Die initiatische Tradition vom Ursprung bis zum Jahr 1000

Eine der schönsten Beschreibungen dessen, was die Freimaurerei wirklich sei, nennt sie »eine kosmopolitische und philanthropische Institution, die die moralische und kulturelle Vervollkommnung ihrer Mitglieder zum Ziel hat«. Sie sei von den drei Begriffen »Freiheit, Gleichheit, Brüderlichkeit« inspiriert, verstanden in ihrem erhabensten und edelsten Sinn. Jede Entartung und jeder Missbrauch, begangen im Namen dieser drei Worte, sind eine Verfallserscheinung, die nichts mit der wahren Seele der maurerischen Vereinigung zu tun hat.

Klares und unwiderrufliches Ziel der freimaurerischen Lehre ist die Überwindung einiger Gegensätze und Widersprüche, die in der so genannten profanen Welt unüberbrückbar scheinen: Autorität und Freiheit, Ordnung und Fortschritt. Die harmonische Verbindung dieser entgegengesetzten Prinzipien ist symbolisch ausgedrückt im Bogen, der die beiden Säulen am Eingang zum Tempel verbindet.

Dieser zentrale Gedanke findet sich in der Rede, die der damalige Großmeister Guido Laj 1945 vor der Versammlung im Palazzo Giustiniani[1] hielt: »Wir glauben,

1 Vgl. hierzu das Kapitel »Die Freimaurerei in Italien«, bes. »Vom Ersten Weltkrieg bis zur Zeit nach dem Zweiten Weltkrieg«

dass jede Reform in Freiheit und Ordnung erreicht werden kann: in Freiheit, die nicht Zügellosigkeit ist, nicht Gewalt weniger gegen viele, nicht Aufruhr ungebildeter Massen, die den Idealen von heute zujubeln, wie sie den verhängnisvollen Männern von gestern zujubelten; in einer Ordnung, die nicht Unterdrückung ist, die die freimütige Äußerung auch des Widerspruchs zulässt, die all das ermöglicht, … was für das soziale Zusammenleben erforderlich ist.«

Der tragende Wunsch ist, im Kleinen das zu verwirklichen, was die Menschheit als ganze sein sollte.

Und so stellt die Freimaurerei, in den Grenzen der jeweiligen Zeit, beginnend von der kleinsten selbständigen Einheit (der Loge), die Ideale, Pläne, Praktiken und alles weitere dar, was für die Schaffung einer Mikrogesellschaft erforderlich ist, die immer weiter vervollkommnet werden kann und soll.

Die Rede des Großmeisters Laj erinnerte – nach so vielen Jahren der Verfolgung, der Gewalt und einer schlafenden Vernunft – an die unvergänglichen Ideale der Solidarität und der Überwindung der Schranken, Ideale, die immer gegenwärtig waren, auch in den schlimmsten Abschnitten der Geschichte, soweit wir sie zurückverfolgen können, bis hin zu der Nacht der Zeiten, zum Ursprung.

Der Ursprung: ein Wort, das ein Gefühl sakraler Weihe hervorruft, wie die Erde, die den Samen birgt, oder die Nacht, die die Morgenröte gebiert.

Jedes Individuum, in dem die Sehnsucht, sich mit Hilfe einer initiatischen Schule selbst zu erkennen, geweckt ist, wird sofort angezogen sein von den Wurzeln des verzweigten Baumes der Erkenntnis, von den Quellen des Flusses, den es befahren möchte: dem Ursprung der Initiation.

Die Forschungen von Historikern dringen vor bis zu den antiken Lehren der Juden, Essener, Chaldäer, Ägypter und Chinesen. Wir entdecken auf diesem Weg Zeremonien und Riten, Regeln, Prüfungen, die in verschiedenen Kulturen vorhanden sind und in vielen Gemeinschaften oder Vereinigungen praktiziert werden: von den Kongregationen des Pythagoras über die Akademie des Platon bis zu den mittelalterlichen Bruderschaften, den philosophischen Schulen, den Logen. Ihnen allen ist eine ethische Ausrichtung gemein: die Wahrheit suchen, die Tugend praktizieren, die Geheimnisse der Kunst erlernen, die Religionen studieren in ihrem tiefsten, esoterischen Sinngehalt; den Menschen immer tiefer kennen lernen, um ihm zu helfen, sich selbst zu verwirklichen und seinen ursprünglichen Platz an der Seite des Vaters wieder zu gewinnen.

Eine andere Gemeinsamkeit aller Schulen besteht darin, dass man zu den verschiedenen Gruppen nur dann zugelassen wird, wenn man *eingeweiht* ist. Der Eingeweihte wurde stets als ein von den Übrigen, den »Profanen« unterschiedenes, über ihnen stehendes Individuum betrachtet.

Die Einweihung ist fester Bestandteil all jener Gruppen und Vereinigungen, die seit undenklichen Zeiten die Wahrheit, ein tugendhaftes Leben und die Selbsterkenntnis des Menschen gesucht haben, um, wie es am Apollo-Tempel stand, »… das Universum und die Götter [zu] erkennen«.

All diese Vereinigungen haben die Zulassung stets jenen vorbehalten, die so motiviert waren, sich ihr anzuschließen, dass sie die schwierigen Prüfungen auf sich nahmen, die der Initiation vorausgehen. Der Beginn der Freimaurerei liegt in der initiatischen Tradition, in jenen Vereinigungen, die ein Eintrittsritual gemeinsam haben.

Wenn wir nun mit Geduld in den wenigen, verhüllten Nachrichten suchen, über die wir verfügen, können wir einen symbolischen Ariadne-Faden sichtbar machen, der es uns ermöglicht, uns in dem Labyrinth des esoterischen Wissens zu bewegen.

Auf dem langen Weg von den biblischen Zeiten bis zum Morgengrauen unseres Jahrhunderts finden wir vier Meilensteine als Bezugspunkte für die Geschichte der Freimaurerei.

Hiram und das verlorene Wort

Den ersten Bezugspunkt finden wir in der Bibel im 1. Buch der Könige (Kapitel 7). Dort wird erzählt, dass der große König Salomon aus Tyros einen gewissen Hiram, Sohn einer Witwe aus dem Stamm Neftali, kommen ließ, damit er seinen wunderbaren Tempel vollende.

Wir finden hier einen für die Freimaurerei bedeutenden Namen, den wir schon im vorhergehenden Kapitel nannten. Es gibt viele Berührungspunkte und Überlagerungen zwischen Ursprung, Mythen und Legenden; sie sind die vererbte Quelle, an der der Fluss der Geschichte seinen Anfang nimmt.

Die Legende von Hiram, die so oft in den verschiedenen Graden der modernen Freimaurerei aufgenommen wird, spricht von der initiatischen Schule des Berufsstandes, die von diesem berühmten Architekten geleitet wurde. In ihr gab es drei Grade, die hierarchisch geordnet waren und einen je eigenen Erkenntnisstand besaßen: Lehrlinge, Gesellen, Meister. Die Zulassung zu einem der Grade und der Wechsel von einem zum anderen waren nur möglich auf dem Weg über Vorschlag, Annahme, Bewertung, Einweihung.

Nach dieser Legende, die voller Symbolik ist, wurde Hiram von drei »bösen Gesellen« ermordet, da er ihnen den Zugang zum höheren Grad verweigerte, vor allem aber, weil er ihnen ein besonderes »geheimes Wort« nicht enthüllte. Dieses Wort, das unbekannt blieb, wurde zum »verlorenen Wort«, das jeder Freimaurer noch heute sucht.

Wegen dieses »verlorenen Wortes« ruhten die Arbeiten, und der Tempel blieb unvollendet.

Die Schüler des Hiram, die auch »Söhne der Witwe« genannt werden, folgen weiterhin den Lehren des Meisters. Doch sie verfolgen ein anderes Ziel: sie streben nicht mehr den Bau des Tempels Salomons an, sondern den beständigen Aufbau des inneren Tempels, und dabei achten sie mit größter Aufmerksamkeit darauf, die drei »bösen Gesellen« zu erkennen, die sie in Ehrgeiz, Unwissenheit und Gewalt sehen.

Die Collegia

Ein paar Jahrhunderte später (im 7. Jh. v. Chr.) treffen wir wieder auf die initiatische Tradition, und zwar im Rom der Könige, wo Numa Pompilius, ein eher philosophischer als kriegerischer König, eine Schule mit dem Namen »Collegium artificum« gründete. Diese Schule war keine gewöhnliche Berufsvereinigung, sondern eine Gemeinschaft, die von Geheimlehren, Mysterien, Riten, Einweihung gekennzeichnet war. Wer den Collegia angehörte, besonders jenen der Bauarbeiter, besaß nicht nur beachtliche Kenntnisse der Architektur, sondern auch Wissen von den tiefen Zusammenhängen und Weisheit in der Anwendung dieses Wissens. Numa Pompilius selbst behauptete, er erhalte die Unterweisung direkt von der berühmten Nymphe Egeria.

Die Collegia blieben auch während des Kaiserreichs bedeutungsvoll. (Spuren eines »collegium« wurden in den Ruinen von Pompei gefunden.) Unter Kaiser Diocletian (ca. 240 – 313 n. Chr.) verloren sie an Bedeutung und Einfluss; sie wurden sogar verfolgt, da Diocletian glaubte, es gehörten zu ihnen »subversive Christen«. Die Angelegenheit betraf jedoch nicht so sehr die Religion, als vielmehr das Ideal der Freiheit: der Geist der Toleranz, der Philanthropie und des Kosmopolitismus mussten dem tyrannischen Kaiser missfallen.

Auch die Angehörigen dieser Schule waren in Lehrlinge, Gesellen und Meister gegliedert. Die Unterweisung wurde meist mündlich erteilt, und die praktischen Anleitungen waren stets von einem tiefen sittlichen Geist und esoterischer Kenntnis erfüllt.

Dieser Schule blieb das Schicksal der Zerschlagung nicht erspart, und ihre Schüler zerstreuten sich. Die Legende erzählt, dass einige Angehörige der Collegia in die befestigte Stadt Como flohen und dort darauf warteten, dass die Verfolgungen aufhörten und bessere Zeiten heraufzögen.

Pythagoras und seine Schule

Gehen wir in der Geschichte um etwa ein Jahrhundert weiter und versetzen wir uns in das antike Griechenland, nach Samos, jene grüne Insel, auf der ein großer und geheimnisvoller Genius das Licht erblickte: Pythagoras (etwa 580 – 500 v. Chr.). Er war ein berühmter Philosoph und Mathematiker und lebte in verschiedenen Ländern, vor allem aber in Ägypten. Nachdem er geheime Lehren kennen gelernt hatte und in die Mysterien eingeweiht worden war, kam er schließlich nach Kroton in Kalabrien (Italien) und gründete dort eine Schule oder Kongregation, deren Ruhm bis heute nicht in Vergessenheit geriet.

Auch die Unterweisung des Meisters Pythagoras geschah über die Einweihung: Es gab drei Grade und ein absolutes Schweigegebot hinsichtlich der Geheimnisse.

In den meist mündlich erteilten Lehren finden sich viele Analogien zu jenen des Hiram. Tatsächlich scheint es, dass die Lehren beider Meister aus Ägypten stammten. Wie Hiram, so wurde auch Pythagoras während eines Aufruhres Opfer eines Anschlages; seine Schule wurde zerstört, und er selbst verschwand auf geheimnisvolle Weise in Metapont.

Die Vereinigungen der Magister

Etwa drei Jahrhunderte nach dem Ende der Collegia, im Jahr 643 n. Chr., spricht das Edikt von Rotari von einer Vereinigung von Architekten und Baumeistern, den »magistri comacini«, den »Meistern von Como«, also wohl den Nachfolgern jener ehemaligen Mitglieder der Collegia, die aus Rom geflohen waren, nun aber in das christliche Rom zurückgerufen wurden, damit sie dort beim Bau der ersten Kirchen mitwirkten. Man erzählt außerdem, dass diese Meister während ihrer Zusammenkünfte eine lederne Schürze und Handschuhe derselben Farbe getragen hätten. Diese Kleidungsstücke finden wir auch bei den modernen Freimaurern, ebenso wie einige Ausdrücke, die zum Bauwesen und zur Architektur gehören und die noch heute im wörtlichen und praktischen Sinn verwendet werden.

Die Vereinigungen der Meister und andere, ähnliche, die Wandervereinigungen genannt wurden, wuchsen und gewannen in der Karolingerzeit erhebliche Bedeutung. Nach einer erneuten dunklen Periode um die Jahrtausendwende treffen wir sie im Mittelalter an der Seite der Bauhütten wieder, die einen großen Beitrag zur Erbauung der wunderbaren gotischen Kathedralen geleistet haben.

Während einige dieser Zünfte strengen Regeln unterworfen waren und nur innerhalb der Stadtmauern arbeiten durften, genossen die Wandervereinigungen größte Bewegungsfreiheit oder »Freibriefe«; daher stammt ihr Name »Freie Maurer« (in Italien »franchi muratori«, in Frankreich »francs-maçons«, in England »Free Masons«).

Wir sind nun also beim Jahr 1000 angekommen. Hier halten wir bewusst mit unserer Nachforschung über die Ursprünge der Freimaurerei inne. Was wir gesehen haben, sind Fakten, für die es glaubwürdige Dokumente und mündlich überlieferte Hinweise gibt, wenn auch für letztere gilt, dass das, was mit diesem »drahtlosen Telegraphen« übermittelt wurde, im Laufe der Jahrhunderte einer gewissen Deformation unterlag. Nach der Jahrtausendwende erleben wir das Entstehen von besonderen Gruppen und Schulen, bei denen wir ausführlicher verweilen müssen. Es treten nun zunehmend Personen auf, die, auch wenn sie nicht »Beschäftigte« sind, beantragen zugelassen zu werden, nur um sich dem Studium der moralischen und spirituellen Vervollkommnung zu widmen.

Und genau hier beginnen wir zu verstehen, wie und warum man damals Freimaurer wurde.

Die großen Eingeweihten

Wir haben des öfteren von den »Eingeweihten« gesprochen, ohne diesen Begriff näher zu erläutern. Versuchen wir nun, seine tiefe Bedeutung zu verstehen, indem wir die Geschichte der »Einweihung« zurückverfolgen bis zu ihren Ursprüngen.

Unter einem »Eingeweihten« versteht man in der Regel den, »der zur Kenntnis und zur Praxis von bestimmten Kulten, Riten, Mysterien durch eine rituelle Zeremonie der Einweihung zugelassen wird«. Es versteht sich von selbst, dass es – meist geheime – Vereinigungen sind, die nicht nur diese Kulte, Riten und Mysterien verwalten, sondern auch jene Kenntnisse, die den Zugelassenen, d.h. den Eingeweihten vorbehalten sind. Nebenbei gesagt, bedeutet der Begriff »esoterisch«, der von vielen Menschen missverstanden wird, nichts anderes als »tief, geheim, nicht allen bekannt«. Die Eingeweihten sind also zum esoterischen Wissen zugelassen. Bis hier bewegen wir uns noch im Bereich des Wörterbuches. Doch wir wollen uns in der Zeit weiter zurück begeben bis zum Ursprung, dorthin, wo die Wurzeln der Freimaurerei zu liegen scheinen.

Alles beginnt damit, dass in einem Menschen Fragen erwachen und das Verlangen nach Antwort so drängend wird, dass sich daraus eine Lebensaufgabe entwickelt, die schließlich zur Wandlung führt. Die Esoterik beginnt bei den Grundfragen wie: Woher kommt die perfekte Ordnung alles Seienden? Was ist der Ursprung der Schöpfung, was ihr Sinn? Wer ist der Schöpfer? Und weiter: Wer bin ich? Woher komme ich? Wohin gehe ich? Wer sich solche Fragen stellt, ist ein potentieller Eingeweihter.

Die besten Hinweise auf mögliche Antworten kommen aus der Tradition, die uns erzählt, was einige »Erweckte«, große »Eingeweihte« gesagt und getan haben. In verschiedenen Epochen und auf verschiedenen Wegen sind diese außergewöhnlichen Persönlichkeiten dahin gelangt, dass sie einen gewissen Teil des universalen Wissens gesammelt und sich zu eigen gemacht haben.

Und es gibt einen Gesichtspunkt, der unsere ganze Aufmerksamkeit verdient: Die großen Eingeweihten sind, obwohl sie in weit voneinander entfernten Orten und zu verschiedenen Zeiten gelebt haben, alle zu derselben Wahrheit gelangt, und dies mit denselben Mitteln: Einweihung und Meditation. Die Wahrheit suchen und begreifen, den Schöpfer in sich selbst finden: das ist der Weg, der den Namen »gnosis« erhalten hat und auf einem vernünftigen Gebrauch des Verstandes und des Bewusstseins beruht.

Verstand und Bewusstsein sind ja die beiden Bereiche, in denen Meditation und Initiation wirken; dies werden wir noch genauer sehen, wenn wir von der Einweihung als dem einzigen Weg sprechen werden, auf dem man zu den wichtigsten Vereinigungen, den initiatischen Schulen gelangen kann.

Wir wollen uns nun mit einigen großen Eingeweihten befassen, außergewöhnlichen Wohltätern der Menschheit und Erweckern des Bewusstseins. Wir wollen sieben von ihnen herausgreifen: Rama, Zarathustra (Zoroaster), Krishna, Hermes, Moses, Platon und Jesus. Wir stützen uns hierbei auf das bedeutende Werk von Edouard Schuré, *Die großen Eingeweihten*.[2]

Rama

Viele Jahrhunderte vor Christi Geburt war Afrika eine Wiege der Kultur und des initiatischen Gedankens. Die Afrer dehnten ihr Reich über ungeheure Entfernungen aus: sie überquerten das Rote Meer und gelangten bis nach Indien; über das Mittelmeer gelangten sie nach Europa und verbreiteten sich bis nach Skythien, jenes weite Gebiet zwischen Donau und Don, und gelangten nach Polen, Germanien, Sibirien, ja bis nach China.

Die Skythen leisteten unter der Führung ihres Königs Ayodhya den Afrern heftigen Widerstand, doch schließlich standen sie am Rande der Niederlage. Dennoch gelang es ihnen, nicht zu unterliegen – dank des Auftretens von Rama.

Hier verlassen wir die Geschichte und treten in den Mythos mit all seiner reichen Symbolik ein.

---

2 Edouard Schuré, *Die großen Eingeweihten*, München, [15]1983

Rama ist ein sehr schöner Sohn des Königs. Von seinen Brüdern wird er aus Eifersucht in die Verbannung geschickt und streift mit seiner Frau Sita und seinem Sohn Laksmana ohne Ziel umher. Das Schicksal will es, dass er mit den Priestern der Afrer in Berührung kommt. Diese sind von der strahlenden Heiterkeit und der außergewöhnlichen Beredsamkeit des verbannten Skythen derart beeindruckt, dass sie ihn in ihre Reihen aufnehmen und ihm »die große Offenbarung des Lichts« zuteil werden lassen, d.h. sie weihen ihn ein.

Nun erwachen in Rama all seine verborgenen Kräfte. Er kehrt nach Skythien zurück, rüttelt die betäubten und resignierten Gemüter seiner Landsleute auf und wird zum Helden wunderbarer Ereignisse.

Sein Bruder Bharata, der in der Zwischenzeit dem König Ayodhya auf dem Thron gefolgt war, verzichtet zugunsten von Rama. Die Priester sind von Ramas Worten so betroffen, dass sie sich seinen strengen Gesetzen beugen, und in der Folge werden Menschenopfer und jede Form der Zauberei abgeschafft.

Mit einer Schar erweckter Schüler heilt Rama die Kranken; aus der Mistel gewinnt er ein Heilmittel und bekämpft damit die Seuche der Pest.

Er organisiert eine Streitmacht, verfolgt siegreich die Afrer und vertreibt sie aus Europa.

Schließlich setzt er einen großen Plan in Gang: die Vereinigung der Skythen mit den Ariern. Der »blonde Prophet mit den blauen Augen« verbreitet sein mystisches Denken und seine Gesetze. Seine monotheistische Lehre von Varuna, »der großen ordnenden Intelligenz des Himmels und der Erde, deren Auge die Sonne ist«, wird von den Asiaten angenommen und gepriesen. So leitet Rama die Vereinigung von Orient und Okzident ein, die dann von seinen Priestern fortgesetzt wird.

Seine Gesetze sind gerecht und sehr fortschrittlich: sie verbieten Sklaverei, Mord und Diebstahl; sie befreien die Frau und erheben sie von einem Objekt des Besitzes und der Lust zu einem sakralen Verständnis von Mutterschaft und Familie. Rama lehrt seine Völker auch den Anbau des Weines und den Gebrauch des Pfluges und schließlich die Verarbeitung des Getreides zu Brot.

Die Sänger-Propheten der Dichtung Zend-Avesta preisen seine segensreiche Ankunft aus den Gebieten des Nordens in dem Land, das vom Himalaya beherrscht wird.

Zarathustra oder Zoroaster

Das Zend-Avesta erzählt auch die Geschichte eines anderen großen Organisators, der das Bewusstsein der Menschen geweckt hat: Zoroaster, bekannt auch unter dem Namen Zarathustra (628 – 551 v. Chr.).

Sechshundert Jahre vor Christus – also etwa zur Zeit des Pythagoras – streute Zoroaster den Samen seines Glaubens im Iran (Persien), in Chaldäa und in Indien aus. Er war es, der den initiatischen Gedanken von Rama verbreitete, der von der Unsterblichkeit der Seele sprach, Jünger (Eingeweihte) um sich sammelte und ihnen Lebensregeln gab, damit sie zur höchsten und ewigen Glückseligkeit gelangten, die darin liegt zu begreifen, was das eigentliche Ziel der Seele ist und wie sie sich verfeinern und erheben kann, um eins zu werden mit Gott.

Wir stellen fest, dass sich auch im Leben Zoroasters Elemente finden, die seltsamerweise den irdischen Erfahrungen fast aller großen Eingeweihten gemeinsam sind: er wird auf wunderbare Weise geboren, stirbt eines tragischen Todes, und sein Blut wird als heilig betrachtet.

Nach der Lehre Zoroasters wird jeder Mensch am Tage des Jüngsten Gerichts Lohn oder Strafe erhalten entsprechend dem Leben, das er geführt hat. Dieser Punkt ist auch in der Lehre Jesu enthalten. Doch weit entfernt vom Gebot der Liebe ist die Aufforderung, »Güte gegenüber den Guten zu gebrauchen und die bösen Mittel gegen die Bösen«. Ein weiterer zentraler Punkt ist, dass der Mensch »rein und tätig« sein muss. »Wer sich erhebt, bevor der Hahn schreit, wird unter den Ersten sein, die ins Paradies eintreten, … denn der reine Mensch wird unfähig werden, Böses zu tun; er wird die Reinigung erhalten durch seine Werke und durch das Bekenntnis seiner Schuld, bevor er stirbt.«

Hier beginnen wir eine Aufgabe der Eingeweihten zu sehen: sie sind Religionsstifter, und als solche bieten sie Antworten auf die wichtigsten Fragen der Suchenden.

Die Jünger Zoroasters gaben sich den Namen Rishi und betätigten sich als Propheten.

Die Gestalt des Propheten ist wesentlich auf dem Weg des Bewusstwerdens. Denn es ist gerade der Prophet, der am besten die zwei eng miteinander verbundenen Instrumente Initiation und Meditation gebraucht. Die Einweihung führt über die Meditation zu einem Wandel und zu einer Erweiterung des Bewusstseins. Die Meditation begünstigt die intuitiven Fähigkeiten und die Entdeckung der großen inneren Wahrheiten. Wird dieser Prozess vollkommen verwirklicht, führt er aus der Zeit heraus und erlaubt prophetische Visionen.

Krishna

Jahrhunderte später erhob sich über den Lehren Ramas und Zoroasters eine weitere bedeutende Gestalt: Krishna. Ihm gelang es, unter einer einzigen religiösen Kraft die drei großen Rassen der damaligen Welt zu vereinen: die weiße der Skythen und die farbigen der Asiaten und der Afrer. Dabei flossen der Sonnenkult der Weißen und der Mondkult der Farbigen zur großen Spiritualität des indischen Volkes zusammen.

»Krishna lehrt und verkörpert selbst die Idee des ›Wortes‹ im reinen Schoß einer Jungfrau und nennt sich selbst Sohn Gottes, der … unter die Menschen gekommen ist …, um die höchste Hoffnung zu verbreiten …« Er verkündet, dass »… die absolute Vollkommenheit, die innere Befreiung, das ewige Heil vom Menschen nur erreicht werden, wenn er zur Einheit mit Gott gelangt, denn in der Einheit mit Gott befreit sich die Seele endgültig vom Bösen und vom Tod und erlangt so Glückseligkeit und Unsterblichkeit«.

Nach der Legende war Krishna die achte Inkarnation des Gottes Vishnu. Viele Einzelheiten dieser Legende gleichen jenen, die wir später im Leben Jesu finden werden: Auch Krishna wird von einer Jungfrau geboren (namens Devaki); als kleines Kind wird er nur mit Mühe vor dem Tod bewahrt, den sein Onkel, der König Kamsa, wollte, weil er von einer Prophezeiung besessen war, die besagte, dass sein göttlicher Neffe ihn entthronen werde.

Wir haben die vertrauten Gestalten Maria und Herodes wiedererkannt, doch die Analogien setzen sich mit den Visionen und den Versuchungen durch Dämonen fort, die Krishna erfährt, wie in der Dichtung Mahabharata erzählt wird. Schließlich stirbt Krishna durch einen Pfeil, der ihn an seiner einzigen verwundbaren Stelle trifft, einer Ferse – genau wie Achilles. Diese Parallelen zeigen uns immer wieder, dass alle großen Kulturen eine gemeinsame Wurzel zu haben scheinen.

Nach seinem Tod wird Krishna zum Gott erhoben, wird »Höchste Seele« (Paramatman), und zum ersten Mal »lehrt er die Völker die Lehre vom dreifaltigen Gott«.

Mit Krishna erreicht die innere Suche des Menschen einen Höhepunkt der Spiritualität. Die Lehre dieses erhabenen Helden ist nie überschritten worden, und der Widerhall seines Namens ist im Westen nur von Jesus übertönt worden.

Hermes Trismegistos

Während in Indien die große einigende, spirituelle Bewegung entsteht, entwickelt sich in Ägypten ein großartiges religiöses, ziviles und politisches System, das der Inspiration durch Hermes Trismegistos[3] zugeschrieben wird, des »dreimal Größten«, nämlich als Priester, Feldherr und Gesetzgeber.

Hermes begründete das ägyptische Priestertum, eine vollkommene Einheit von Initiation und Meditation. Seine Lehre hinterlässt in der Menschheit tiefe Spuren, indem sie bedeutende Geister wie Pythagoras, Orpheus, Moses und Platon beeinflusst.

Die Worte, die der Oberpriester, der die Initiation vollzieht, nach dem ägyptischen Ritual zum Neophyten sprach, sind aufschlussreich: »Bete in dir selbst, und du wirst die Klarheit des Bewusstseins und die Energie des Willens erhalten, und durch den inneren Kampf wirst du licht werden, da du dich dem Unaussprechlichen näherst.« Welche bessere Meditation könnte es geben?

Bevor der Neophyt eingeweiht wurde, musste er einige harte Proben bestehen, die symbolisch deutlich machten, welche Schwierigkeiten der Mensch überwinden muss, um frei und rein zu werden. Es waren dies die Prüfungen »des Wassers, des Feuers und der Frau«. Nachdem der Adept diese bestanden hatte, konnte er als über den menschlichen Leidenschaften stehend angesehen und mit der Übergabe des heiligen Wortes und des großen Geheimnisses »gezeichnet« werden.

---

3 Hermes Trismegistos ist der griechische Name des ägyptischen Gottes Thoth, also keine historische Figur. Die ihm zugeschriebene Literatur ist unter dem Namen *Corpus hermeticum* bekannt, eine Sammlung anonymer Schriften des 2. und 3. Jh. n. Chr., die in der Form religiöser Offenbarungen okkulte Weisheiten überliefert. Sie enthält Elemente aus der pythagoreischen Schule, aber auch orphische und jüdische. Man kann sie als eine heidnische Parallele zur christlichen Gnosis bezeichnen.

Die 42 Bücher, die Hermes zugeschrieben werden, sind eine kraftvolle und innovative Synthese der größten mystischen Traditionen. Sie stellen eine Verbindung zwischen Righveda, Mahabharata, Ramayana, den Büchern des Moses, dem Talmud und dem Neuen Testament dar.

Mit Hermes »überwindet der Gottesbegriff den Dualismus der Perser und den griechischen Polytheismus; er wendet sich zurück zur indischen Trimurti, und über den ägyptischen Hermetismus wird er zum dreifaltigen Prinzip vieler Religionen und gelangt über den jüdischen Monotheismus zum einen und dreifaltigen Gott des Christentums«.

Das Hermes zugeschriebene Werk ist schwer zu verstehen. Man denke nur an die »Smaragdene Tafel«, eine Sammlung kurzer und bündiger Lehren, über die viele Bücher geschrieben worden sind und deren Studium und Interpretation über viele Jahre zahllose Schulen, Logen, Gruppen beschäftigt hat, mit fruchtbaren Ergebnissen, aber auch mit der unvermeidlichen Feststellung, dass bei jeder Lektüre immer wieder Neues aufscheint.

Moses

Das religiöse Denken des Moses, der nach der Tradition ein Neffe Ramses II. gewesen, in Theben in die Isis-Mysterien eingeweiht und in die Reihen der Priester des Osiris aufgenommen worden sein soll, leitet sich direkt und unmittelbar aus der ägyptischen Initiation ab.

Verschiedene Ereignisse brachten Moses dazu, Priester und Gesetzgeber des jüdischen Volkes zu werden. Seine Gesetze, Normen, Grundsätze sind auch heute noch gegenwärtig und wirksam in der Welt.

In Ägypten erfuhr Moses die okkulten Riten und die drei Weisen, in denen die Oberpriester ihre Lehre verbreiteten. Tatsächlich gab es drei Ebenen der Mitteilung: die erste war eine einfache und schlichte Schrift, die dazu diente, das Volk zu führen und zu erziehen; die zweite Ebene bildete eine symbolische Sprache für die Gelehrten, die fähig waren, die wissenschaftlichen Erkenntnisse zu vertiefen und in die metaphysischen Mysterien einzudringen; die dritte Ebene war heilig und bestand aus »Hieroglyphen« (heilige Zeichen, »Wort Gottes«), die nur für die Eingeweihten bestimmt waren, die allein in der Lage waren, das religiöse Gedankengut zu verstehen und weiterzugeben.

In diesem Sinne schrieb Moses zunächst das Buch der Grundsätze und nach einer langen Meditation auf dem Berge Sinai meißelte er die Gesetzestafeln. Daneben rief er initiatische Gruppen und Priesterkasten ins Leben, denen er sein esoterisches Gedankengut mitteilte. »Nach dieser Lehre herrscht Gott, reiner Geist, unmittelbar durch seine ewigen Gesetze. Jahwe ist der einzige Gott, auf den alles gerichtet ist. Diese monotheistische Anschauung war zwar in Ägypten entstanden, doch sie blieb auf die Priesterschaft beschränkt und hatte die Mauern der Tempel nicht verlassen. Moses verbreitete sie unter dem Volk und rief damit eine schwere Krise hervor. Das unmittelbare Ergebnis war, dass viele feststellten, Jahwe sei nicht mehr der universale Gott, sondern nur der Gott der Juden.«

Von Moses und seiner Priesterkaste gingen viele Propheten aus, sodass »… die prophetische Weissagung ein Kennzeichen war, das von Hosea bis Jesus stets lebendig blieb«.

Platon

Im Denken der griechischen Eingeweihten war der Polytheismus bereits überwunden, und man glaubte nur an einen höchsten Gott, den reinen Geist. Auch der große Sokrates hatte die Einheit verfolgt und die Grundlagen für die seelische Vervollkommnung und das Glück angegeben; er lehrte, dass »die Erkenntnis Tugend ist und dass die Tugend vor allem für das Individuum ein Vorteil ist, das sie übt«.

Es ist der eben so große Platon, der die Lehre des Sokrates erweitert und erläutert. Er wird der Begründer der »philosophischen Theologie«, einer Konsequenz seiner Ideenlehre. Nach Platon ist die Idee ewig und unveränderlich; aus ihr kommen das Sein und das Erkennen, »die in ihr enthalten sind wie zwei Noten eines musikalischen Stückes; dieses Stück ist Gott …«. Die Existenz Gottes ist durch die Ordnung, die Harmonie, die Schönheit der Natur bewiesen. Dieser Ideen-Gott kann vom Menschen begriffen werden durch »die Übung des Guten, indem die Seele sich mittels der Praxis der Tugend reinigt und so schrittweise zur Erkenntnis des Wahren gelangen kann«.

Der Weg des Heiles führt also, nach Platon, über das Gute, Wahre, Schöne, und dies ist der einzige Weg, auf dem die gereinigte Seele zu den Gipfeln der Erkenntnis und der Vollkommenheit gelangen kann.

Das platonische Gedankengut konkretisiert sich mittels »Vision und initiatischer Handlung«. Die Einweihung wurde verstanden als »das Eindringen in die höchsten Wahrheiten mit Hilfe der körperlichen und geistigen Prüfungen, durch die der Adept zur eigenen inneren Auferstehung und zur unmittelbaren Kommunikation mit der göttlichen Intelligenz gelangte«.

Bei Platon finden wir tiefe Spuren des philosophischen Denkens des Pythagoras, der sokratischen Dialektik und der ägyptischen Esoterik. Dies wird besonders deutlich im Gastmahl (Symposion), im Phaidon und im Phaidros. Die Schule, die das theoretische Gebäude des Meisters verbreitete, nannte sich »Akademie«.

Bei Platon finden wir die vollständigste Synthese der initiatischen Traditionen und einen weisen Gebrauch der beiden Instrumente Initiation und Meditation. Leuchtend tritt die intuitive Erkenntnis des Weges hervor, auf dem der Mensch zu seinen ursprünglichen Kräften und Fähigkeiten zurückkehren kann, zum »Haus des Vaters«, von dem in den folgenden Jahrhunderten noch lange die Rede sein wird.

Jesus

Leben, Werk und Lehre des Jesus von Nazareth sind allgemein bekannt. Wir wollen uns nicht hierbei aufhalten, sondern jene Elemente hervorheben, die Jesus als einen großen Eingeweihten erkennen lassen.

Viele Autoren und Forscher sind der Meinung, dass Jesus von den Essenern eingeweiht worden sei, einer esoterischen Sekte, von der wir nur dürftige Kenntnis besitzen. Nach dieser Theorie habe Jesus als Anhänger dieser Sekte den esoterischen Teil der Prophezeiungen erfahren und begriffen: den Symbolgehalt der Genesis, die mosaische Offenbarung, sowie die Geheimnisse der Natur, okkulte Heilverfahren und die religiöse Einheit der Propheten, trotz der scheinbaren Unterschiede zwischen den Religionen.

Als Jesus den Ruf Gottes vernahm, suchte er am Ufer des Jordan den Einsiedler und Prediger Johannes auf, der ihn als den erkannte, von dem Jesaias gesprochen hatte. Jesus erhielt die Einweihung in der Form der Taufe und kehrte an einen Ort namens Eingeddi zurück, der den Essenern bekannt war, um dort in völliger Einsamkeit zu meditieren. Dort gelangte er zur vollständigen Einsicht seines tiefen Wesens und wusste, dass er wahrhaft Gottes Sohn sei. Ein Teil seiner Lehre war nichts anderes als »eine Anleitung, wie der Menschensohn und der Sohn Gottes dahin kommen können, ein und dasselbe zu sein«. Man muss sich vor Augen halten, dass in allen Reden Jesu immer zwei Bedeutungs-Ebenen nebeneinander zu finden sind: eine wörtliche, für die Menge, und eine stark symbolische, die die Essener verstanden, aber auch die Kirche in ihren ersten Jahrhunderten, bis sie selbst sich anstrengte, sie vergessen zu machen.

Es gibt eine schöne alte Beschreibung Jesu, die wohl von den Essenern selbst stammt:

»Jesus war empfangen von der Jungfrau Maria durch das Wirken des Heiligen Geistes, wie Krishna von der Jungfrau Devaki durch Mahadeva; schön wie Orpheus und Dionysos, predigt er, wie Pythagoras, die Erhöhung der Frau; wie Hermes und andere spricht er von der Dreieinheit; er vergibt Magdalena, wie Krishna den Sünderinnen Saasvati und Nihadali vergeben hat; er wird getötet wie Krishna, Orpheus, Pythagoras, Sokrates; er erweckt Tote wie Orpheus und steigt wie dieser in den Hades hinab.«

Neben den Legenden gibt es für die Forscher so viele Angaben über das Leben und die Lehre Jesu, dass ein ganzes Leben nicht ausreichen würde, um sie alle zu verstehen: jede Handlung, jedes Wort, jedes Ereignis im Leben Jesu ist bezeugt und lässt sich in esoterischem Sinne deuten.

Wir finden den Erfolg, das Verlassensein, den Verrat, den ungerechten Prozess, den schrecklichen Zweifel, die Vergebung, den Tod, die Auferstehung. Dies ist ein Schicksal, das jeder Menschensohn erfahren kann, auch mehrmals im Laufe des Lebens, und wenn er bewusst seine Initiation (Taufe) lebt, wenn er es versteht, in seiner Wüste Judäa und an seinen Quellen von Eingeddi zu meditieren, kann er ein wirklicher und bewusster Sohn Gottes werden.

Das Mittelalter

Die Korporationen und die Logen

Der Begriff »Korporation« stammt von dem spät-lateinischen »corporatio«; im Mittelalter bezeichnet er eine Gruppe von Personen, die einen einzigen »Körper« (corpus) bilden, in dem sie durch die gleichen Interessen verbunden und auf die gleichen Ziele ausgerichtet sind.

Die bekanntesten Korporationen sind die Zünfte der Künstler und Handwerker, vergleichbar den heutigen Vereinen und Verbänden, doch sie zeichnen sich durch etwas aus, das wir im Hinblick auf unser Thema später genauer betrachten werden.

Die Korporationen oder Zünfte sind direkte Nachfahren der römischen Collegia aus der Zeit des Numa Pompilius, mit denen sie sich auf einer Linie vollkommener Kontinuität befinden, da sie – nicht zufällig – denselben Regeln folgen. Wie wir gesehen haben, sind aus den Resten der Collegia die magistri comacini und die verschiedenen Wanderzünfte hervorgegangen. Diese letzteren, und ganz besonders die »Zunft der Baumeister, Architekten und freien Maurer« waren in den Jahrhunderten zwischen dem Jahr 1000 und der Renaissance sehr erfolgreich.

Aus dieser Zeit stammen die herrlichen gotischen Kathedralen, unsterbliche Meisterwerke der Architektur, der Kunst und der Harmonie, die in sich die Spuren eines geheimnisvollen Planes tragen, der zwar nicht immer verstanden wird und dennoch vorhanden ist wie eine zarte Lebensader.

Päpste, Fürsten und Könige wetteifern darum, die Meister der Zünfte in ihre Dienste zu stellen, und teilen an sie Geschenke und Privilegien aus, die so genannten Freibriefe.

Im Jahre 1277 bestätigte Papst Nikolaus III. alle von seinen Vorgängern erteilten Freibriefe und gewährte noch zusätzliche.

Aus dem 15. Jahrhundert, unter der Regierung Heinrichs VI. von England, ist ein Vertrag zwischen der Pfarrei von Suffolk und einer Freimaurer-Zunft überliefert. Darin ist zu lesen: »Jeder Arbeiter muss einen Schurz aus Leder und weiße Handschuhe tragen, und für die Zunft muss eine überdachte Loge errichtet werden.« Hier finden wir also den Ausdruck »Loge«, englisch lodge, was etwa Werkstatt bedeutet.

In einer Urkunde vom 25. April 1459, verfasst unter der Regierung Kaiser Friedrich III., wird der Loge von Straßburg die Gerichtsbarkeit über alle deutschen Logen übertragen und Erwin von Steinbach zum Großmeister aller deutschen Freimaurer ernannt.

Tradition und Intoleranz

Die Überlieferung setzt sich unaufhaltsam fort, erhebt sich immer wieder aus der Asche und konkretisiert sich in den verschiedenen initiatischen Vereinigungen, die auf dem gleichen Weg und mit denselben Mitteln aufeinander folgen. Für sie alle ist oberstes Ziel die Verwirklichung des Menschen, die mit Hilfe der Initiation und der meditativen Innenschau erreicht werden kann.

Auch in den mittelalterlichen Zünften vollzieht sich der Aufbau, wie in den übrigen initiatischen Gruppen, die einander in der Geschichte folgten, auf zwei Ebenen: zum einen der sichtbare Aufbau in der äußeren Welt, und zum andern der »unsichtbare« im Bewusstsein. Die drei Grade sind immer: Lehrling, Geselle und Meister.

Diese besonderen Baumeister bilden eine ununterbrochene Kette durch die Jahrhunderte, von Daedalos über Ägypter, Griechen, Römer bis hin zu den mittelalterlichen Zünften, den Alchimisten, den magistri comacini, die ihre Spuren hinterlassen in den benediktinischen Kirchen von Carate und des Comer-Sees, im Kreuzgang der Abtei von Piona, in San Michele in Pavia, Sant' Ambrogio in Mailand, San Zeno in Verona, San Francesco in Assisi, in Orvieto, in Siena, und auch in anderen Ländern: im Escorial bei Madrid, im Kreml in Moskau, in der Kathedrale Hagia Sophia in Konstantinopel.

In ganz Europa treffen die Baumeister aus der Lombardei, die Steinmetze aus Deutschland, die Freimaurer aus England aufeinander und geben den wirkenden Geist der frühen Eingeweihten weiter. In vielen großen Bauwerken des Mittelalters finden wir symbolische initiatische Abbildungen. Denken wir etwa an Jakin und Bohaz, die Namen der beiden Säulen am Eingang zum Tempel Salomons, die wir auf dem Kapitell des Eingangs zur Totenkammer des Domes zu Wartburg wieder finden; andere Inschriften und analoge Spuren befinden sich im Dom von Brandenburg und im Kreuzgang der Kathedrale von Monreale auf Sizilien.

Diese und viele andere Hinweise führen uns auf die Spur der initiatischen Tradition, aber leider auch der Intoleranz, denn es ist das Schicksal der freien Geister, von den Regierenden missverstanden, angeklagt und verfolgt zu werden; jede Spur von Freiheit des Denkens stellt für Despoten eine drohende Gefahr dar. Diese Dialektik hat stets schreckliche Folgen gezeitigt, ganz besonders im 20. Jahrhundert.

Heute wie gestern ist eine schmerzliche Tatsache festzustellen: unter den Verfolgern initiatischer Gruppen, also unter denen, die keine nonkonformistischen Ideen, Glaubenslehren oder Verhaltensweisen dulden, gibt es nicht nur die Despoten, sondern auch Organisationen, die sich an der universellen Liebe orientieren sollten.

Die Arbeit der Gruppen

Wenn wir uns auf die Zünfte konzentrieren, stellen wir etwas Interessantes fest. Tatsächlich ist es einer Anmerkung wert, dass viele Bauwerke jener Zeit, auch die berühmtesten, keine persönliche Handschrift tragen; der einzelne Genius steht ganz im Dienst des großen Werkes. Es sind Schöpfungen von Gruppen, Meisterwerke ohne Signatur. Darin kann man die Bescheidenheit derer erkennen, die zufrieden sind mit dem, was sie geschaffen haben und dass sie es mit anderen geschaffen haben; sie erstreben nicht, dass man in dem Werk ihre persönliche Handschrift erkenne. In einem gewissen Sinne sind dies die ersten Werke, die »als Dienstleistung« geschaffen wurden – eine Idee, die um viele Jahrhunderte vorausnimmt, was das Kennzeichen des Wassermann-Zeitalters sein wird, des neuen Äons, in dem die Zusammenarbeit wichtiger sein wird als die Konkurrenz, die Arbeit der Gruppe wichtiger als die des Individuums. Man muss bei diesen Vorstellungen beginnen, wenn man die dunkle und missverstandene mystische Arbeit der Ordensgemeinschaften verstehen will, die für menschliche Wesen beten, die sie nicht einmal kennen; hier wird eine »positive Energie« erzeugt, damit sie von Unbekannten genutzt werde; es ist dies der Beginn der »unerkannten Arbeit«, wie sie später in anderen initiatischen Orden auftauchen wird.

Die Alchimisten

Gehen wir nun zu einer anderen Strömung von Suchenden über, deren Geschicke im Guten wie im Bösen parallel zu denen der Zünfte verlaufen: den Alchimisten. Wir wollen uns auf wenige Bemerkungen beschränken, jedoch mit der Absicht, einige Anstöße zu geben, die über die veralteten Vorurteile und über die verzerrten Bilder hinausgehen, die der moderne Konsumismus hinsichtlich der Alchimie erzeugt hat.

Wie für die Bildenden Künste bestand auch für die Wissenschaftler immer die Gefahr der Verfolgung, auch wenn es zwischenzeitlich Abschnitte der Toleranz gab. Vielleicht wissen nicht alle Leser, dass z.B. Galileo Galilei von der katholischen Kirche erst im Zweiten Vatikanischen Konzil (1962 – 65) rehabilitiert worden ist.

Die Alchimie stellt den Beginn der modernen experimentellen Chemie dar. Natürlich bedurften im Mittelalter die ersten Experimente und die philosophischen Debatten einer gewissen Geheimhaltung und waren deshalb nicht allen zugänglich. Das rief Misstrauen hervor, und so zogen die geistliche wie die weltliche Macht gegen die ersten Erfahrungen und Anwendungen der Chemie zu Felde, da sie in ihr schwarze Magie, teuflisches Werk, Anschläge auf das Leben von Menschen und Verschwörung gegen die herrschende Macht sahen.

Dass die ersten empirischen Formen chemischer Forschungen eine planmäßige Ordnung fanden, war das Verdienst der Araber mit ihren berühmten Schulen von Cordoba und Toledo; von hier nimmt die »al-kimiya«, die Kunst des Steines der Weisen, ihren Ausgang. (Das »kimiya« war ein Reagens, das man zur Umwandlung der Metalle brauchte.) Mit dem Wort »Alchimie« meinten die Araber: die Kunst, das Lebenselixier, die Weisheit, die Wissenschaft des Steines, des Schlüssels, der Waage. Der Begründer der Alchimie war Jabir ibn Hayyan, der von 721 – 815 lebte und wohl an die 2 000 Werke verfasst hat.

In Europa ragen im 13. Jahrhundert vor allem die Namen von Arnaldo da Villanova, Raimundus Lullus (Ramon Llull), Roger Bacon hervor.

Im 16. Jahrhundert erreicht die Alchimie ihren Höhepunkt und verbindet sich mit der hohen Magie und den okkulten Wissenschaften. Die großen Namen jener Zeit sind Kornelius Agrippa von Nettesheim, Gerolamo Cardano, Giovanni B. della Porta, und vor allem Paracelsus, der die Alchimie mit dem Studium der Kräuter verband und so den Grund für das legte, was später die pharmazeutische Industrie werden sollte.

Die Alchimie wurde als Geheimwissenschaft in einigen Klöstern und in geheimen und initiatischen Organisationen wie denen der Hermetiker und der Rosenkreuzer gepflegt.

Unter den Alchimisten suchten viele ein Verfahren, mit dem niedere Metalle in Gold verwandelt werden könnten; andere suchten Macht mit Hilfe der Hexerei und der schwarzen Magie. Doch der eigentliche, tiefe Aspekt der Alchimie liegt darin, dass die alchimische Umwandlung als mögliche Umwandlung des Menschen betrachtet wurde. In dieser Sichtweise wird die Umwandlung der Elemente in Gold oder in den Stein der Weisen zu einem Symbol der (geistigen) Vollkommenheit. Tatsächlich gibt es einen Zweig der Alchimie, die spirituelle Alchimie, die darauf gerichtet ist, den Menschen in einen Eingeweihten und Adepten zu verwandeln.

Es handelt sich um komplexe, langsame und schwierige Prozesse, die nur unter Eingeweihten, an geeigneten Orten und unter strenger Geheimhaltung vollzogen werden können. Die Unkenntnis der tieferen Zusammenhänge erzeugte unter den nicht Eingeweihten Spott, doch wie so oft, wurde aus Spott Verfolgung, häufig aus den bereits genannten Gründen der Selbstverteidigung der Macht. Die Beschuldigungen waren immer dieselben: Häresie, Hexerei, dämonische Praktiken.

Die Freimaurer nahmen die Alchimisten, sowohl die »chemischen« wie auch die spirituellen, auf und verteidigten die Freiheit der Forschung und der Gedanken; sie boten ihnen Versammlungen mit toleranten Gelehrten an, banden aber nie irgendein Ritual an alchimistische Praktiken. Oft werden die alchimistischen Prozesse bei den Freimaurern zitiert, doch dies ist unvermeidlich angesichts der Analogien zwischen den Praktiken und der Ähnlichkeit der Symbole. Auch das Ziel der spirituellen Alchimie – den Menschen wieder in seinen göttlichen Ursprung mit all seinen Eigenschaften und Fähigkeiten zu integrieren – hat viele Elemente mit der initiatischen Suche der Freimaurer gemein.

Das Studium des Symbols, unbestrittene Grundlage der freimaurerischen Lehre, setzt der Suche keine Grenzen. Das Symbol, das Oswald Wirth als »Fenster zum Universum« definierte, ist für jede Interpretation offen. Eben deshalb wird die Alchimie, die genau wie die Freimaurerei eine stark symbolische Suche ist, so oft zitiert. Ein Beispiel: Zwei wichtige Figuren der Loge, der Redner und der Sekretär, können symbolisch für das »solve et coagula« der Alchimie stehen. Der Redner löst (solve) die Probleme in der Flüssigkeit des Sprechens, während der Sekretär die Gedanken in grafischen Zeichen kristallisiert (coagula), die den Worten entsprechen, und sie so für die Zeit erhält.

Wir haben gesehen: es gibt ein Band, das die Zünfte mit den Alchimisten verbindet. Es ist dasselbe Band, das alle vereint, die auf der inneren Suche sind, denen der schweizerische Schriftsteller Piero Scanziani den Namen »Entronauten« gegeben hat.

Die großen initiatischen Vereinigungen

Der Templer-Orden

Das Jahr der Geburt des Templer-Ordens ist umstritten: einige Texte sprechen vom Jahr 1119, andere von 1118, wieder andere von 1111. Sein Gründer war Hugo de Payens de Champagne, ein Mann bescheidener Herkunft und großer christlicher Frömmigkeit. Der Zweck des Ordens war ein sehr genau bestimmter: die Unversehrtheit der Pilger zu schützen, die nach Jerusalem zogen, um am Grab Christi zu beten. Seine geistige Grundlage war die Verbindung der mystischen Regeln des heiligen Augustinus mit den Regeln des Ritterstandes. Sie wurde so wirkungsvoll in die Tat umgesetzt, dass sich um die Templer eine große Menge von Anhängern scharte, eine große Zahl von Bewunderern, eine gefährliche Zahl von Verleumdern und Verfolgern, aber auch ein Ruhm, der sich bis in unsere Zeit erhalten hat.

Man sagt, der Gründer und seine sieben Gefährten hätten ein so strenges Leben in Armut geführt, dass nicht einmal jeder von ihnen ein eigenes Pferd besaß, sodass immer zwei auf einem Sattel reiten mussten. Der erste Name des Ordens war Christi milites, also Soldaten Christi. Bald wuchs die Bedeutung des Ordens so stark, dass er einen eigenen Sitz im königlichen Palast von Jerusalem erhielt, neben dem berühmten Tempel Salomons. In dieser Zeit änderte er seinen Namen in militia templi, also Ritter des Tempels. Aufgrund dieser Umstände verstärkten sich die Kontakte mit der initiatischen Tradition, die auf die salomonische Weisheit und den hebräischen Symbolismus zurückging, der sich auf den ständigen Aufbau des Tempels bezog.

Die Organisation und der Schatz des Ordens

Im Jahr 1128 gab es eine wichtige Veränderung: an die Stelle der augustinischen Regel trat die Ordensregel der Zisterzienser.

In der Zwischenzeit hatte sich der Orden in vier Unterorden geteilt: Ritter, Knappen, Laien und Priester. Hieraus entwickelte sich eine strenge, sehr einflussreiche Hierarchie. Sie wurde von einem Großmeister angeführt, auch »Magister Militiae Templi« genannt. Auf der Fahne, die an der Spitze des Templer-Zuges getragen wurde, stand geschrieben: »Vincere aut mori« (Siegen oder sterben). Die symbolische Darstellung V. A. M. findet sich auch auf der Schärpe eines schottischen Grades der modernen Freimaurerei.

Die Mitglieder des Ordens trugen eine besondere Kleidung: die Ritter, die immer den zehnten Teil des Ordens bildeten, einen weißen Umhang mit einem auffallenden roten Kreuz, die Knappen und die Laien einen braunen Umhang.

Im 13. Jahrhundert zählte der Orden bereits 15 000 Mitglieder und erstreckte sich vom Nahen Osten bis über beinahe alle europäischen Länder. Dieses riesige Gebiet war in Provinzen eingeteilt, und der Verantwortliche einer jeden Provinz war ein Praeceptor, der keiner anderen Autorität unterworfen war als dem Papst. Die Provinz verfügte über alle nötigen Mittel, um ihre völlige Unabhängigkeit zu verteidigen. Der Orden wurde so mächtig, dass er Königen, Fürsten und Vereinigungen seinen Schutz anbieten konnte. Die Templer traten so in die Welt der Reichen ein, die wir heute als Hochfinanz bezeichnen würden. Viele vertrauten ihre Schätze dem Orden an und vererbten ihm ihre Besitztümer, während andere Kredite und Bürgschaften erbaten. Man kann sagen, dass mit den Templern die erste Bank-Organisation entstand. Dies alles trug dazu bei, den Reichtum des Ordens zu vermehren. Im Jahre 1240 waren ausgedehnte Ländereien, Burgen und Abgabenrechte in seinem Besitz, sodass seine Gesamteinnahmen zu jener Zeit hinter niemandes Einnahmen zurückstanden.

Der Prozess gegen Jacques de Molay

Sicher war es dieser fabelhafte Reichtum (in Paris besaß der Orden ein ganzes Viertel, das deshalb »Der Tempel« hieß, während selbst der König von Frankreich, Philipp der Schöne, offenbar erhebliche Schulden bei der Ordenskasse hatte), der das Misstrauen Papst Clemens V. hervorrief. Er fand natürlich in König Philipp einen höchst interessierten Verbündeten, und mit ihm zusammen organisierte er die systematische Zerstörung und Verfolgung des Ordens.

Im Jahr 1312 bestand der erste Teil dieser verbundenen Aktion darin, bekannt zu machen, dass der Templer-Orden eine wirkliche Gefahr darstelle, sowohl für die Staaten wie für die Religion. Unmittelbar darauf erklärte der Papst die Templer zu Häretikern, und Friedrich III. vertrieb sie aus Sizilien.

Inzwischen ersann Philipp eine denkwürdige List: Der Großmeister Jacques de Molay wurde mit einer falschen, hochtönenden und prunkvollen Einladung an den Hof nach Paris gelockt. Unmittelbar nach seiner Ankunft wurde er mit 140 »Brüdern« (dies war die Anrede unter den Ordensmitgliedern) verhaftet und gefoltert. Der Papst zeigte sich zunächst indigniert und erhob Protest, während Philipp, unterstützt von zwei willigen »Zeugen«, Pierre du Bois und Guillaume de Nogaret, den schmutzigsten Prozess der Geschichte organisierte, von dem auch Dante Alighieri mit großer Verachtung sprach.

Während des Prozesses beantragte eine Gruppe von neun Templern, den Orden vor dem Ökumenischen Konzil, das zu jener Zeit in Vienne abgehalten wurde, verteidigen zu dürfen. Der Papst nahm zunächst ihren Antrag an, doch dann ließ er sie verhaften. Die Bischöfe protestierten und versuchten, sich dagegen aufzulehnen, doch Clemens V. erwies sich als stärker, da er sich der äußeren Unterstützung durch Philipp bedienen konnte. Der Prozess wurde fortgesetzt und der Templer-Orden aufgelöst.

Im Jahr 1313 wurde der größte Teil der Templer verhaftet und gefoltert, andere landeten auf dem Scheiterhaufen, viele wurden als vermisst betrachtet. Im Gefängnis blieben nur der Großmeister und drei weitere Ritter; sie wurden jeder Art von Folter unterworfen, bis sie aus Verzweiflung und Erschöpfung eine Art »Geständnis« ablegten, das sie sofort widerriefen. Das tragische Ende aller vier war die Annahme des Martyriums und des Todes.

Die Überlieferung erzählt, dass Jacques de Molay vor seiner Hinrichtung »das Gericht Gottes über den wortbrüchigen Papst und den ebenso wortbrüchigen König« angerufen und den Zeitpunkt ihres Todes angegeben habe. Die Geschichte bezeugt, dass tatsächlich einige Monate später sowohl der Papst, als auch der König kurz hintereinander starben, und nicht wenige sprachen von einer »gerechten Vergeltung Gottes«.

Jacques de Molay starb am 19. März 1313, und an diesem Tag hörte der Templer-Orden auf zu existieren. Man sprach in der Folgezeit von einigen verstreuten Templer-Rittern, die Asyl und Aufnahme bei einigen englischen Freimaurer-Logen und bei anderen initiatischen und freigeistigen Schulen fanden.

Die Verbindung von Templer-Orden und initiatischen Schulen

Über die Templer ist in der Folgezeit viel geschrieben und gesagt worden, und oft war die Rede von ihrer Wiedergründung oder Wiederauferstehung. Wir wollen uns mit dieser Frage nicht befassen, sondern uns den Spuren widmen, die den Templer-Orden mit der Freimaurerei verbinden. Tatsache ist jedenfalls, dass die Freimaurer einen ihrer höheren Grade der »Legende von de Molay« geweiht haben, die in initiatischer Weise gelebt wird wie die Legende von Hiram und all die anderen menschlichen und symbolischen Parabeln der vielen Märtyrer der Ignoranz, der Gewalt und der Intoleranz.

Der rote Faden, den wir immer im Auge behalten wollen und der alle metaphysische Suche durchzieht, die von den fundamentalen Fragen über unsere Existenz bestimmt wird, zeigt einige interessante Verbindungen der Templer nicht nur mit der Freimaurerei, sondern auch mit den initiatischen Schulen im allgemeinen. Es scheint, dass die Templer »das große Geheimnis gekannt hätten, das die Versöhnung zwischen Judentum, Christentum und Islam erlaubt«. »Sie tranken denselben Wein wie Kabbalisten und Sufis.« Dieser dunkle Satz stammt von Giovanni Boccaccio, der mit Dante ein Eingeweihter der »Fedeli d' Amore« (der »Getreuen der Liebe«) war. Er fährt fort: »Die Wahrheit der drei Religionen ist unbestreitbar, da sie in ihrem tiefsten Wesen nur EINE sind.«

Zweifellos haben wir auch mit den Templern eine initiatische Schule vor uns, mit Hierarchien, Riten, Zeremonien und eigenen Geheimnissen. Auch diese Schule nutzt die beiden wichtigen Instrumente Initiation und Meditation. Man wurde durch eine Initiations-Zeremonie Mitglied des Ordens, und in der philosophischen und psychologischen Arbeit an der Verbesserung der Persönlichkeit und der spirituellen Entwicklung spielte die Meditation immer eine große Rolle.

Auch die Templer bilden also ein Glied in der langen Kette, die alle Vereinigungen von Menschen verbindet, die sich esoterisch betätigen und ihre Kenntnisse zum

Wohle der Menschheit anwenden. Es ist sicher wahr, dass die Anhäufung zu vieler Reichtümer dem Orden schmerzliche Probleme schuf und zu Widersprüchen führte, aber es ist auch wahr, dass dies seine Verdienste nicht verdunkelt, und es ist nicht zu leugnen, dass das Martyrium seiner führenden Mitglieder die Ehrbarkeit des Namens für immer rehabilitiert hat.

Die Rosenkreuzer

Fast drei Jahrhunderte nach der Tragödie der Templer richtet sich unsere Aufmerksamkeit auf eine andere initiatische Vereinigung, deren Ruf viele Grenzen überwunden hat, auch die der Zeit, und die noch sehr lebendig ist: die Rosenkreuzer. Der Name selbst ist aus dem Besten des religiösen Symbolismus gebildet, und auch im Fall der Rosenkreuzer sind die Anfänge in Phantasie und Mysterium gehüllt, gleichsam um die ursprüngliche Verbindung mit Mythen und Legenden zu erhalten.

Einige geschichtliche Quellen schreiben die Gründung der »Gesellschaft der Rosenkreuzer« dem deutschen lutherischen Theologen Johann Valentin Andreae zu. Die Gesellschaft war zutiefst inspiriert von den ursprünglichen Regeln der frühen christlichen Bruderschaften und hatten zum klaren und erklärten Ziel, die Menschheit zu ihrer völligen Erneuerung zu führen. Programm und Regeln waren von Andreae bereits in seinem Buch »Fama fraternitatis Rosae Crucis« dargestellt, das 1614 in Kassel erschienen war. In diesem Buch wird auch eine Legende erzählt, nach der im Jahre 1604 ein »Bruder« in Marokko das Grab des legendären Ritters Christian Rosenkreutz entdeckt haben soll, der im Jahr 1484 im ehrwürdigen Alter von 106 Jahren verstorben war. In diesem Grab sollen – außer der Inschrift »Post CXX annos patebo« (»Nach 120 Jahren werde ich mich offenbaren.«) – auch einige geheime Dokumente gefunden worden sein, die sich auf eine mysteriöse »Gesellschaft von Erleuchteten« bezogen, deren Name eben »Rosenkreuzer« war.

Die Verbreitung des Gedankengutes der Rosenkreuzer

Die Nachricht von den Rosenkreuzern tauchte also in Kassel auf, erfuhr aber wenig Widerhall, und seltsamerweise war für eine gewisse Zeit fast jede Spur ausgelöscht, und man sprach überhaupt nicht mehr von ihnen. Doch unversehens kam Bewegung in die Geschichte, und der Ruf gelangte nach Frankreich und Spanien. Man sprach von einer »Confessio Fraternitatis Rosae Crucis«, einer Art Manifest, das ebenfalls in Kassel erschienen war und Andreae zugeschrieben wird, was allerdings wenig gesichert ist. Ohne die Frage nach dem Autor zu vertiefen, können wir immerhin feststellen, dass die Nachricht sich in Europa – angesichts der damals zur Verfügung stehenden Mittel – mit außergewöhnlicher Geschwindigkeit verbreitete und dass das Interesse der Intellektuellen und der wissenschaftlichen Vereinigungen sehr lebhaft war.

Es waren mehr oder weniger begründete, immer aber interessante Stimmen in Umlauf, die von bedeutenden Geheimnissen sprachen, die im Besitz der Vereinigung seien. Man sprach viel über ihr Ziel der Erneuerung der Seele, aber ebenso intensiv über ihre gewagten und innovativen Vorschläge für soziale und politische Reformen, die zu einer Befreiung und Verbrüderung aller Völker führen sollten. Dies war eine pragmatische Vision, würde man heute sagen, nach der das vorherbestimmte Schicksal durch den Einsatz des Willens und die reinigende Kraft der Arbeit abgewandelt werden konnte. Außerdem sprach man von den besonderen Fähigkeiten der Rosenkreuzer, wertvolle Metalle herzustellen, für unheilbar erklärte Kranke zu heilen, die Zukunft vorherzusagen und so weiter.

Aus dem einen oder anderen Grund ereiferte sich ganz Europa bei der Diskussion über die Rosenkreuzer. Viele Gelehrte näherten sich ihnen mit offenem Interesse. Wir möchten besonders erwähnen: den Engländer Robert Fludd, der sehr viel dazu beitrug, die Ideen der Rosenkreuzer in England und anderen Ländern zu verbreiten, und Francis Bacon, der in seinem Buch »Das neue Atlantis« davon in Romangestalt sprach. Es gesellten sich zu ihnen Wissenschaftler wie Elias Ashmole (1617 – 1692) und William Lyly, Mathematiker wie Haerwitt und Geistliche wie Proson. Es waren vor allem Männer der Kultur, die sich von der Symbolik, den Allegorien, der okkulten Sprache der Rosenkreuzer angezogen fühlten.

Die Bildung der verschiedenen Gruppen

In den initiatischen Bewegungen gibt es fast immer jemanden, der bestimmte Punkte »aktualisieren« möchte und die Tradition zu diesem Zweck vergewaltigt. Es lohnte sich, über diese Frage nachzudenken, da es gute Gründe dafür gibt, die Tradition zu achten. Immerhin ist gerade sie es, die der Schule Stabilität gibt. Zudem führen Versuche der »Aktualisierung« häufig zu einer gewaltsamen Reaktion der Orthodoxie.

Dergleichen geschah auch unter den Rosenkreuzern; es gab nämlich Versuche der Veränderung und der persönlichen Interpretation in Bezug auf die spirituelle Ausrichtung und auch auf die Struktur der Vereinigung.

Wir können zum Beispiel die Rosenkreuzer-Gruppe von Herodon anführen, die sogleich eine schottische Organisation bildete, deren feste Absicht »die Rückkehr zu den reinen Quellen des Rosenkreuzertums« war, d.h. zu jenem ursprünglichen Christentum, das »die Erlösung von der okkulten Botschaft erwartete, die aus der Kreuzigung Christi zu beziehen war«.

In ganz Europa, besonders in Deutschland und England, entstanden im Namen der Rosenkreuzer ständig neue, mehr oder weniger traditionalistische und mehr oder weniger »abweichende« Gruppen, und es stießen auch immer wieder hohe Grade der Freimaurer dazu. Die Freimaurerei widmet den Rosenkreuzern einen ihrer höheren Grade, nämlich den achtzehnten, dessen Träger eben »Ritter vom Rosenkreuz« heißen. Sie wollen vor allem für die Versöhnung von Menschen und Völkern wirken und sind stark am Gebot der Liebe orientiert.

Im Dunkeln bleibt die Existenz der »wahren Rosenkreuzer«, über die Franz Hartmann in seiner Erzählung »Ein Abenteuer unter den Rosenkreuzern« schrieb.

Der Schriftsteller E. G. Bulwer-Lytton, bekannt durch sein Buch *Die letzten Tage von Pompeji*, gründete 1850 eine Vereinigung, die zu den ursprünglichen Riten und Prinzipien zurückkehren sollte und sich an einem sehr reichen Symbolismus inspirierte. In seinem Buch *Zanoni* spricht er viel von den Rosenkreuzern.

Sehr interessant sind eine Reihe von Vorträgen Rudolf Steiners, dem Vater der Anthroposophie, die Eduard Schuré unter dem Titel *Die Initiation der Rosenkreuzer* gesammelt hat.

Der Symbolismus des Namens

Der Name »Rosen-Kreuzer«, dieser Doppelbegriff, auf den sich viele Gruppen beziehen, ist in sich schon ein vollständiges Programm der moralischen Synthese, der Schönheit, der Erziehung. Es ist dennoch wichtig, den symbolischen Wert zu betrachten, den jedes der beiden Worte in sich birgt.

Das Kreuz:

Das Verständnis dieses Symbols geht weit über das hinaus, was uns aus der christlichen Tradition bekannt ist. Schon lange vor Golgatha war das Kreuz in den Sakralbauten Indiens und Ägyptens vorhanden. Dort gibt es zahlreiche Heiligtümer, die in Form des Kreuzes in den Felsen gehauen sind. Im Orient wird, wie wir in den alten Texten nachlesen können, dem Kreuz die Bedeutung von Leben und Unsterblichkeit zugewiesen, was sehr weit entfernt ist von der Bedeutung des Todes, der in der westlichen Zivilisation überwiegt.

Das Kreuz besteht aus zwei Balken, einem horizontalen, der nach Osten und Westen zeigt und die Unendlichkeit symbolisiert, die vom Menschen ersehnt wird, und einem senkrechten, der einerseits im Boden verankert ist, mit dem anderen Ende aber zum Himmel zeigt und so den ständigen Kontakt der niederen Instinkte und geistigen Dunkelheit mit der Schönheit und Reinheit darstellt, die zu einer höheren Spiritualität aufsteigen. Das Kreuz ist damit ein Symbol des Menschen, der, mit den Füßen auf der Erde, seinesgleichen umfasst und gleichzeitig seinen Blick voller Sehnsucht und Hoffnung auf die eigenen Ursprünge richtet – auf das, was wir schon mehrfach »das Haus des Vaters« genannt haben.

Die Rose:

Auch der Symbolgehalt der Rose ist sehr stark. Sie ist »die zum Höchsten erhobene Schönheit, die Anmut, Liebreiz und Reinheit umfasst«. Ihr Duft regt das Gefühl an und weckt die schönsten Erinnerungen. In der Kürze ihres Daseins liegt die Einladung, über die Kürze des Lebens nachzudenken. Die Blüte kann als Symbol der Eintracht und der Liebe angesehen werden.

Schon immer wurde die Rose von den Dichtern besungen, von den Bildhauern gemeißelt, von Malern und Architekten dargestellt, und fast immer hat ihre Gegenwart nicht nur eine nebensächliche, sondern eine stark symbolische Bedeutung.

Von den vielen Beinamen, die die Rose erhalten hat, seien nur genannt: »Tochter des Himmels«, »Lächeln

Gottes«, »Ruhm der Natur«, »Meisterwerk des Schöpfers, der in ihr alle Vollkommenheit vereint hat«. Damit dürfte deutlich sein, warum die Rose – mit dem Kreuz – zum Symbol des menschlichen Strebens nach Vollkommenheit gewählt wurde, eines Strebens, das die gesamte Lehre der Rosenkreuzer kennzeichnet.

Verbinden wir nun die beiden Symbole, so können wir das Kreuz als die Begegnung der vier Elemente (Wasser und Luft in der Horizontalen, Erde und Feuer in der Vertikalen) ansehen, in deren Zentrum die Rose blüht als Symbol der Vollkommenheit, der Schönheit, des Lebens und der Liebe.

Die moderne Freimaurerei

Im 17. Jahrhundert ist eine zunehmende Schwächung der Vereinigungen und Zünfte zu beobachten, da die Bautätigkeit in einer Krise steckte; die Zeit der großen Kathedralen und Schlösser war vorüber.

Im 18. Jahrhundert verstärkt sich das Streben, zu arbeiten, um sich selbst kennen zu lernen und zu verwandeln. Diese spekulative Richtung zieht viele Nachfahren, Mitläufer oder Überlebende all der vorangegangenen Gruppen an und lässt sie den neuen Vereinigungen zustreben. Sie kommen von den »magistri comacini«, den Templern, den Alchimisten, den Neuplatonikern, den Humanisten, den »Getreuen der Liebe«; doch es gesellen sich auch Lutheraner, häretische Mönche, Calvinisten, Wiedertäufer, Illuminaten und viele andere hinzu.

Die Geburt der Großen Logen

Nach einer ersten Zeit des Zusammenströmens und der Versuche des Zusammenlebens bringt das 18. Jahrhundert etwas Neues, nämlich die Gründung und Verwirklichung einer großen homogenen und universal orientierten Gruppe. Über ihr Geburtsdatum sind sich die Historiker nicht einig. Vielmehr gibt es drei verschiedene Daten, die allerdings nahe beieinander liegen:

Februar 1717: In diesem Monat wird die Große Loge von London gegründet, indem sich einige Logen zusammenschließen und sich eine Verfassung geben. Es scheint, dass James Anderson seine Verfassung auf diesem Modell aufgebaut hat.

24. Juni 1717: Anlässlich des Festes Johannes des Täufers oder der Sommersonnenwende schließen sich vier Logen – genannt Loge der Gans, des Apfelbaumes, der Krone und des Römers, entsprechend den Wirtshäusern, in denen sie sich zu versammeln pflegten – zur Großen Loge von England zusammen. Die Architekten dieser Vereinigung waren drei hervorragende Gelehrte: der Reverend James Anderson, der Physiker Théophile Désaguliers und der Kunsthistoriker George Payne. Zum Großmeister wird der Kleinbürger Anthony Sayer gewählt.

29. September 1721: John Herzog von Montague wird zum Großmeister gewählt. Die Große Loge umfasst zwölf Logen. James Anderson wird offiziell mit der Ausarbeitung der Verfassung beauftragt.

Die Entwicklung der Logen

In der Folgezeit finden wir zahlreiche Zeitangaben, die von allen Forschern anerkannt sind und die die verschiedenen Etappen der Entwicklung der Freimaurerei aufzeigen:

1723: Der endgültige Text der Verfassungen (Constitutions), wie sie Anderson ausgearbeitet hat, wird diskutiert und angenommen. Er trägt den Titel: »Die Verfassungen der Freimaurer, enthaltend die Geschichte, die Pflichten und die Regeln usw. dieser alten und ehrwürdigen Bruderschaft.«

1729: Die Großloge von London anerkennt die Loge von Madrid.

1730: Die Großloge von Irland wird gegründet.

1732: Die Loge von Paris wird zur Großloge von Frankreich.

1733: Es entstehen die Logen von Florenz und Boston.

1735: Die Loge von Rom wird gegründet.

1737: Die erste Loge in Deutschland wird in Hamburg gegründet.

1742: Die Loge von Wien wird gegründet.

1743: Die Großloge von Dänemark wird gegründet.

1750: Es entsteht die Loge von Petersburg, die von Katharina II. protegiert, aber von Zar Paul I., der, wie all seine Nachfolger, die Freimaurer verfolgte, wieder geschlossen wird.

1753: König Adolf Friedrich von Schweden gründet die Loge von Stockholm.

Im Laufe von drei Jahrzehnten hat sich die Freimaurerei also über ganz Europa und bis in die nordamerikanischen Kolonien verbreitet. Doch dieses erstaunliche Wachstum erfährt bald eine erste (und nicht die letzte) Krise. In der Mitte des 18. Jahrhunderts gibt es in Großbritannien drei Logen: die Großloge von London, die Großloge von Schottland, und die Großloge von Irland. Zwischen den drei Logen herrschte eine deutliche Rivalität. 1752, unter dem Großmeister Lord Byron, erfolgte die erste Spaltung in der modernen Freimaurerei: Einige Logen, organisiert von Lorence Dermott, trennen sich von der Großloge und bilden die »Großloge der antiken Maurer«, die zur »orthodoxen Linie« zurückkehrt, nämlich zur Entdeckung und Wiedereinführung der Riten der klassischen oder ursprünglichen Freimaurerei.

Nach der Spaltung wächst diese neue Großloge so schnell, dass sie im Jahr 1771 bereits 200 Logen umfasst. Sie unterhält enge Beziehungen zu den Großlogen von Schottland und Irland.

Die Spaltung dauert an, bis im Jahr 1813 dank der Vermittlung des Herzogs von Atholl, des Großmeisters der Antiken Freimaurer, die Versöhnung erreicht wird.

Das Wachstum

Trotz einiger Abspaltungen breitet sich die Freimaurerei, wie wir gesehen haben, schnell in Europa und Amerika aus, und dank des englischen Kolonialismus, auch in den anderen Kontinenten.

Eine bedeutende Rolle spielte Friedrich II. von Preußen, erleuchteter König, Großmeister der preußischen Freimaurer. Auch wenn die Behauptung, er habe die »Großen Konstitutionen« der A. und A. Schottischen Großloge erlassen, historisch nicht haltbar ist, muss doch gesagt werden, dass Friedrich zu den Förderern der Freimaurer zu zählen ist. Er führte fast seine gesamte Familie der Loge zu und betonte mehrmals, dass er die Freimaurer immer beschützen werde, da sie »hervorragende Staatsdiener« seien.

Doch damit blieb Friedrich II. eine Ausnahme. Das ungestüme Wachstum der Logen im 18. und 19. Jahrhundert wird heftig bekämpft: Papst Clemens XII. exkommuniziert die Freimaurer, Zaren, Könige, Kaiser und alle Despoten, die nur an ihre eigenen Privilegien denken, verfolgen sie. Dennoch breitet die Freimaurerei sich weiter aus. Sie nimmt das Gedankengut der Enzyklopädisten und der Illuminaten auf und stellt sich mehrfach auf die Seite derer, die große Revolutionen vorbereiten und durchführen, so die amerikanische von 1776, die französische von 1789 und auch die Bewegungen in Italien von 1821.

Doch an diesen Aktionen nimmt nicht die Freimaurerei als ganze teil, sondern einzelne Freimaurer, die mehr oder weniger fragwürdige Aktionen organisieren, voranbringen oder auch führen. Es kann also nicht der Freimaurerei als ganzer Verdienst oder Schuld für das Verhalten der einzelnen Mitglieder zugeschrieben werden, vor allem dann nicht, wenn diese die Regeln und ihren Eid vergessen haben, ebenso wenig, wie ein ernsthafter Gelehrter dem Christentum die Schuld für die Kreuzzüge und die Inquisition oder die Verfehlungen von Priestern oder Päpsten zuweisen würde.

Es seien zwei Sätze aus den Konstitutionen von Anderson zitiert:

»Der Maurer ist als Maurer verpflichtet, dem Sittengesetz zu gehorchen; und wenn er die Kunst recht versteht, wird er weder ein engstirniger Gottesleugner, noch ein bindungsloser Freigeist sein.«

»Der Freimaurer ist ein friedliebender Bürger des Staates … Er darf sich nie in einen Aufstand oder eine Verschwörung gegen den Frieden verwickeln lassen.«[4]

Doch es ist anzunehmen, dass auch zu einer Organisation wie der Freimaurerei Individuen stoßen, die keineswegs an der persönlichen Entwicklung, an der Hebung des Gewissens, an der Rückkehr zum »Haus des Vaters« interessiert sind.

Zusammenfassend wollen wir schematisch die großen Abschnitte der Geschichte der Freimaurerei darstellen.

- Die Ursprünge, die vom Jahr 4000 v. Chr. bis zu den ersten Vereinigungen der Wanderarbeiter (ca. 1000 n. Chr.) gehen;

4 Zitiert nach James Anderson, *Die Alten Pflichten von 1723*, in neuer Übersetzung herausgegeben von der Großloge A.F.u.A.M. von Deutschland, Verlag Die Bauhütte, Bonn [12]1996.

- Entwicklung des gedanklich-philosophischen Gebäudes, die vom Jahr 1000 bis ins 17. Jahrhundert geht;
- das soziale und politische Wirken, vom Anfang des 18. Jahrhunderts bis in unsere Tage.

Da das Datum der Entstehung der Freimaurerei auf das Jahr 4000 v. Chr. festgelegt wurde, erklären sich einige seltsame Zahlen, die wir im freimaurerischen Kalender antreffen. Außerdem ist zu beachten, dass der März der erste Monat des Jahres ist, wie im römischen Kalender und in der Astrologie. So wird etwa das Datum 19. Juli 1999 übersetzt: »der 19. Tag des 5. Monats des Jahres 5999 des Wahren Lichts«.

Berühmte Freimaurer

Es seien hier einige (mehr oder weniger) berühmte Persönlichkeiten unserer Zeit aufgeführt, die zu den Freimaurern zu zählen sind. Ein solches Verzeichnis soll dazu dienen, dass der Leser, der sich fragt, wie und warum man Freimaurer wird, Anhaltspunkte erhält, die ihm persönliche Überlegungen und Entscheidungen erleichtern sollen.

Es sind zu den Freimaurern zu zählen:

- die Amerikaner Benjamin Franklin, Andrew Jackson, Abraham Lincoln, Theodore und Franklin Roosevelt, George Washington;

- der belgische König Leopold I.;
- der chilenische Präsident Salvador Allende;
- die Franzosen Eugène Beauharnais, Pierre Augustin Beaumarchais, Denis Diderot, Victor Hugo, Charles de Montesquieu, Etienne Jacques de Montgolfier, Napoleon I. Bonaparte, Napoleon III., Pierre Joseph Proudhon, Jean Jacques Rousseau, Stendhal, Voltaire, Émile Zola;
- die Engländer Lord Byron, König Edward VII., Rudyard Kipling, Horatio Nelson, Jonathan Swift;
- die Italiener Massimo d'Azeglio, Giosuè Carducci, Camillo Cavour, Giuseppe Garibaldi, Giuseppe Manzoni, Giuseppe Mazzini, Giovanni Pascoli;
- die Deutschen Gebhard Leberecht Blücher, Gottfried August Bürger, Johann Amos Comenius, Johann Gottlieb Fichte, Johann Wolfgang Goethe, Johann Gottfried Herder, Gotthold Ephraim Lessing, Moses Mendelssohn, Richard Wagner;
- die Österreicher Joseph Haydn, Leopold und Wolfgang Amadeus Mozart.

Exkurs:
Die Frau in der Freimaurerei

Bei der Durchsicht der Liste der berühmten Freimaurer fällt auf, dass unter den vielen Männern nicht eine einzige Frau zu finden ist. Das »Problem Frau« durchzieht die gesamte moderne Freimaurerei. Heute finden sich die unterschiedlichsten Positionen zu dieser Frage. Es gibt Gruppen, die der Frau nicht das Recht zugestehen, Mitglied zu werden; andere Gruppen lassen Frauen zu, mit oder auch ohne Einschränkungen; wieder andere Gruppen gestehen den Frauen die gleichen Rechte zu wie den Männern; und schließlich gibt es Gruppen, die Frauen vorbehalten sind und keine Männer zulassen. Das Problem der Initiation von Frauen durchzieht die Geschichte der Freimaurerei (wie auch der Religionen) im 19. und 20. Jahrhundert. (Zur heutigen Lage vgl. Teil 1, Kap. Das »Problem Frau«.)

Die Verfassungen der Freimaurer

Dieses Kapitel ist den Regelwerken gewidmet, die das Leben der Freimaurer bestimmen. Bis heute gilt als Grundlage das »Constitutionsbuch« des Reverend James Anderson, wie es im Jahr 1722 verabschiedet wurde. Daneben gibt es die »Land Marks«, die vor allem in Amerika eine größere Rolle spielen.

Die »Alten Pflichten eines freien Maurers«

Die »Alten Pflichten« (Old Charges) werden im Allgemeinen als das Grundgesetz der Freimaurerei angesehen. Sie heißen so, weil sie auf alte Überlieferungen zurückgehen. Sie sind in den »Constitutions« von James Anderson enthalten, der 1721 den Auftrag erhalten hatte, eine Konstitution[5] für die Großloge von London zu verfassen. Diese wurde im Jahre 1722 beschlossen und im folgenden Jahr veröffentlicht. Wir wollen die wichtigsten Abschnitte daraus wiedergeben.[6]

---

5 Der Begriff der »Konstitution« wird nicht einheitlich gebraucht. Stattdessen wird manchmal von »Grundgesetz« oder »Verfassung« gesprochen oder auch von »Ordnung« oder »Regeln« (»Laws and Regulations«).

6 Vgl. Anm. 4

Das Werk gliedert sich in sechs Hauptstücke:

- Von Gott und der Religion
- Von der obersten und den nachgeordneten staatlichen Behörden
- Von den Logen
- Von Meistern, Aufsehern, Gesellen und Lehrlingen
- Von der Leitung der Bruderschaft bei der Arbeit
- Vom Betragen.

1. Von Gott und der Religion

»Der Maurer ist als Maurer verpflichtet, dem Sittengesetz zu gehorchen; und wenn er die Kunst recht versteht, wird er weder ein engstirniger Gottesleugner, noch ein bindungsloser Freigeist sein.

In alten Zeiten waren die Maurer in jedem Lande zwar verpflichtet, der Religion anzugehören, die in ihrem Lande oder Volke galt, heute jedoch hält man es für ratsamer, sie nur zu der Religion zu verpflichten, in der alle Menschen übereinstimmen, und jedem seine besonderen Überzeugungen selbst zu belassen ...«

2. Von der obersten und den nachgeordneten staatlichen Behörden

»Der Maurer ist ein friedliebender Bürger des Staates, wo er auch wohne oder arbeite. Er darf sich nie in einen Aufstand oder eine Verschwörung gegen den Frieden oder das Wohl seiner Nation verwickeln lassen ...

Sollte nun ein Bruder zum Rebellen gegen die Staatsgewalt werden, so darf man ihn in seiner aufrührerischen

Haltung nicht bestärken, wie sehr man ihn auch als einen unglücklichen Mann bemitleiden mag. Obwohl die Bruderschaft in Treue zum Gesetz seine Empörung ablehnen soll und muss, … kann sie ihn … nicht aus der Loge ausschließen; seine Bindung an sie bleibt unauflöslich.«

3. Von den Logen

Die Loge ist der Ort, wo die Maurer zusammenkommen und arbeiten. Jeder Bruder muss einer solchen angehören; er ist an ihre Satzung und die allgemeinen Anordnungen gebunden. …

Die als Mitglieder einer Loge aufgenommenen Personen müssen gute und aufrichtige Männer sein, von freier Geburt, in reifem und gesetztem Alter, keine Leibeigenen, keine Frauen, keine sittenlosen oder übel beleumdeten Menschen, sondern nur solche von gutem Ruf.

4. Von Meistern, Aufsehern, Gesellen und Lehrlingen

Jedes Vorrecht unter Maurern gründet sich allein auf wahren Wert und persönliches Verdienst … Kein Meister oder Aufseher wird deshalb wegen seines Alters gewählt, sondern allein um seines Verdienstes willen.

Nur der Bruder kann Aufseher werden, der zuvor Geselle war; und der nur Meister, der als Aufseher tätig, und Großaufseher nur, wer Meister einer Loge war. Großmeister kann nur werden, wer vor seiner Wahl Geselle war. …

Diesen höchsten und nachgeordneten Leitern und Lenkern der alten Loge – je nach ihren Ämtern – sollen die

Brüder, so wie es die »Alten Pflichten« und Anordnungen wollen, in aller Ergebenheit, Achtung, Liebe und Bereitwilligkeit gehorchen.

5. Von der Leitung der Bruderschaft bei der Arbeit

Alle Maurer sollen an den Arbeitstagen rechtschaffen arbeiten, damit sie an den Feiertagen in Ehren leben können; die durch Landesgesetz angeordnete oder durch Herkommen festgelegte Arbeitszeit ist einzuhalten. …

Die Werkleute sollen … sich untereinander nicht mit hässlichen Ausdrücken belegen, sondern einander Bruder oder Genosse nennen. Sie sollen sich innerhalb wie außerhalb der Loge höflich benehmen.

Der Meister … soll das Werk für den Bauherrn so preiswert wie möglich übernehmen und dessen Gut so redlich verwalten, als wäre es sein eigenes. Auch soll er keinem Bruder oder Lehrling mehr Lohn zahlen, als er wirklich verdient hat. …

Kein Handlanger soll in der eigentlichen Arbeit der Maurerei beschäftigt werden, und kein freier Maurer soll ohne zwingenden Grund mit denen zusammenarbeiten, die nicht frei sind …

6. Vom Betragen

(Dieses Kapitel ist unterteilt in sechs Abschnitte: Verhalten in geöffneter Loge; nach geschlossener Loge, wenn die Brüder noch beisammen sind; wenn Brüder ohne Profane zusammenkommen, aber nicht in der Loge; in Gegenwart von Profanen; daheim und in der Nachbarschaft; gegenüber einem unbekannten Bruder.)

Es steht außer Frage, dass dieser Text die Spuren der Zeit trägt, in der er entstanden ist. Er kann nicht wörtlich als Satzung für eine Vereinigung unserer Tage übernommen werden. Dies gilt besonders für den 5. und den 6. Abschnitt. Deshalb wollen wir versuchen, die zeitlose Bedeutung seiner wichtigsten Aussagen herauszuarbeiten.

- In diesem Text wird von einer Religion gesprochen, »in der alle Menschen übereinstimmen«. Dieser Satz ist zum Fundament aller Freimaurerei geworden. Zweierlei ist damit gesagt: erstens kann niemand Aufnahme in eine Loge finden, der »Atheist oder bindungsloser Freigeist« ist; zum anderen aber will sich die Freimaurerei nicht an eine bestimmte Religion binden, sondern vertritt den Grundsatz der Toleranz gegenüber allen Religionen. Drittens gehören für Anderson (und die Freimaurer) Religion und Sittlichkeit untrennbar zusammen. In unübertrefflicher Weise ist dies in Lessings »Nathan der Weise« dargestellt.
- Die Unterwerfung unter die Gesetze des Landes, in dem er lebt und arbeitet, ist für den Freimaurer eine Selbstverständlichkeit. Andererseits sind unter den Freiheitshelden, die für die Unabhängigkeit gekämpft haben, immer auch Freimaurer zu finden. Auf einige Namen soll hingewiesen werden: George Washington, Benjamin Franklin, Freiherr vom Stein, Feldmarschall Blücher, Johann Gottlieb Fichte, die italienischen Freiheitskämpfer Giuseppe Mazzini, Giosuè Carducci und Giuseppe Garibaldi …

Der Freimaurer soll sich zwar nicht in die Politik einmischen, schon gar nicht in Revolutionen. Aber wenn er es dennoch tut, bildet dieses Verhalten keinen Grund für einen Ausschluss aus der Loge. Toleranz, auch gegenüber dem politisch Andersdenkenden, ist schließlich einer der höchsten Grundsätze der Freimaurer.

- Auch wenn die Logen zunächst Zusammenschlüsse von Bauarbeitern waren, sind sie seither weit über diese Einengung hinausgewachsen. Das Bauen wird symbolisch verstanden und betrifft sowohl die eigene Persönlichkeit, die durch Initiation und Meditation zur Vollkommenheit gelangen soll, als auch die Menschheit als ganze. Daher gibt es für den Freimaurer keine Unterschiede zwischen Rassen, Völkern, Religionen, unterschiedlicher sozialer Stellung, politischer Auffassung; dies alles sind nur Erscheinungsformen menschlichen Lebens, die der Freimaurer als solche achtet, die aber für seine Arbeit, die auf das rein Menschliche gerichtet ist, keine Rolle spielen dürfen.

Die Land Marks

Der Begriff der »Land Marks« ist bis heute unklar. Es gibt verschiedene Interpretationen. Allen gemeinsam dürfte sein, dass es sich um eine Art Grenzsteine (was ja die wörtliche Bedeutung von Land Marks ist) handelt, im übertragenen Sinn also um unverrückbare, unveränderliche Prinzipien. Nach Johann Gabriel Findel, einem Buchhändler und Schriftsteller, der u.a. eine Geschichte der Freimaurerei verfasste, gibt es neun Punkte, die allen freimaurerischen Satzungen zu Grunde liegen. Es sind dies:

- Die Verpflichtung auf die allgemeine Religion, in der alle Menschen übereinstimmen.
- Die Aufhebung der Schranken der Geburt, der Rasse, Nationalität, Hautfarbe und der politischen Partei.
- Jeder Aufgenommene gehört zum ganzen Bund und genießt daher Besuchsrecht, Gastrecht und Annahmerecht in allen Logen.
- Die Bedingungen für die Aufnahme eines Kandidaten: er muss volljährig und im Vollbesitz seiner geistigen Fähigkeiten sein, das nötige Maß an Bildung besitzen, eine untadelige Moral und einen einwandfreien Lebenswandel haben und einen guten Ruf genießen.
- Die Gleichberechtigung aller Mitglieder; Unterschiede kann es nur aufgrund ihrer Verdienste und ihres inneren Wertes geben.
- Die Verpflichtung, alle Streitigkeiten innerhalb des Bundes auszutragen und sich den Anordnungen der eigenen Loge und der Großloge zu unterwerfen.
- Das Gebot der Eintracht und der Bruderliebe sowie das Verbot, persönlichen Streit, vor allem aber politische oder religiöse Streitfragen in die Loge hineinzutragen.

- Die Pflicht zur Verschwiegenheit gegenüber Außenstehenden und zur Wahrung der Geheimnisse, besonders der Worte und der Erkennungszeichen.
- Das Wahlrecht und das Recht jedes einzelnen Mitgliedes, auch des Lehrlings, an der Gesetzgebung teilzunehmen und in der Großloge vertreten zu sein.

Abschließend soll angemerkt werden, dass es trotz vieler Bemühungen, vor allem von deutscher Seite, noch kein gemeinsames Recht gibt, das für alle Freimaurerlogen verbindlich wäre. Die Land Marks sind nur ein Ansatz auf diesem Wege. Allerdings werden sie in Europa – anders als in Amerika – eher als etwas Versteinertes betrachtet, das wohl nicht geeignet ist, ein solches gemeinsames Recht zu begründen.

Die Riten oder Systeme der Freimaurer

Mit dem Begriff »Ritus« (auch Lehrart oder System) wird das Miteinander von Zeremonien, Gesten, Worten und all dem verstanden, was das Leben der Loge regelt. Jeder Ritus besteht aus einer festgelegten Zahl von Kapiteln, die an bestimmte Regeln gebunden sind für die Öffnung und Schließung der Arbeit, die Zeremonien der Einweihung und die Ausstattung des Tempels.

Einteilung der Riten in Gruppen

Die zahlreichen Riten können nach verschiedenen Kriterien eingeteilt werden:

- Nach der **Zahl der Grade**, die sie vergeben:
  - Die »blaue« oder »Johannis-Maurerei«, die nur die drei Grade Lehrling, Geselle, Meister kennt und damit dem Ursprung am nächsten steht; diese Grade werden auch die »symbolischen« genannt, da sie in der Moderne nicht mehr in ihrem ursprünglichen Sinn verstanden werden, sondern eben symbolisch: in ihrer Entsprechung zu den drei Lebensaltern

Jüngling, Mann, Greis, oder auch zu Geburt, Leben und Tod;
  - die »rote« oder »Hochgrad-Maurerei«, die neben den oben genannten noch eine mehr oder weniger große Zahl von weiteren Graden vergibt. Bei der Darstellung der einzelnen Riten werden wir jeweils anführen, wie viele Grade der betreffende Ritus vergibt.
- nach ihrer **historischen** Ableitung:
  - die auf der Steinmetzentradition beruhenden Johannis-Logen;
  - die auf die Templerlegende und den Baumeister Hiram sich berufenden Logen;
- nach der **Universalität** ihrer Lehre:
  - die christliche Freimaurerei, die sich auf das Johannes-Evangelium stützt und auch Christen aufnimmt (»Freimaurerorden«);
  - die universelle oder humanitäre Freimaurerei, die sich zu der »allen Menschen gemeinsamen Religion« bekennt;
- nach dem **nationalen** Charakter: Es gibt deutliche Unterschiede zwischen der angelsächsischen, der deutschen und der romanischen Freimaurerei.

Im Laufe der Jahrhunderte ist eine große Zahl von Riten entstanden, von denen die meisten inzwischen wieder verschwunden sind. Noch heute bedeutsam sind die folgenden sieben Riten.

Die Riten im einzelnen

Der Antike (Alte) und Angenommene Schottische Ritus

Der A. und A. Schottische Ritus (so die übliche Bezeichnung) ist der heute wichtigste und am weitesten verbreitete Ritus. Er geht auf ein französisches System des 18. Jahrhunderts zurück und wurde von dem Kaufmann Etienne Morin nach Mittelamerika gebracht. Um die Jahrhundertwende tauchte in Amerika eine von 1786 datierte Konstitution auf, die behauptete, sie verdanke ihr Entstehen Friedrich II. von Preußen (dem Großen). Da dieser zu jener Zeit von vielen als das Haupt der Freimaurerei betrachtet wurde, zweifelte man nicht an der Echtheit der Urkunde. Nach 1860, als der Sitz des Obersten Rates nach Washington verlegt wurde, begann man heftig über den Verfasser der »Großen Konstitutionen von 1786« zu debattieren, konnte aber zu keinem eindeutigen Ergebnis gelangen.

Wichtiger als die Frage des Verfassers scheint die Tatsache, dass dieses neue System sich als sehr brauchbar erwies. Es breitete sich in der Folgezeit rasch über die ganze Welt aus. 1875 fand in Lausanne ein Konvent statt, von dem die »Lausanner Konföderation« begründet wurde, die zwar keine eigene Leitung oder Verwaltung besitzt, aber da sich alle Mitglieder zu den gleichen Grundsätzen bekennen und damit ein internationales Band bilden, ist sie von großer Bedeutung.

Man kam in Lausanne u.a. darin überein, dass in jedem Land (außer in den USA, das in eine nördliche und eine südliche Jurisdiktion geteilt war) nur *ein* Höchster Rat bestehen kann.

Außerdem wurden folgende Grundsätze angenommen, die wegen ihrer Bedeutung hier ausführlich zitiert werden sollen:

Die Grundsätze von Lausanne

- Die Freimaurerei ist eine brüderliche Gemeinschaft innerhalb der menschlichen Gesellschaft; sie lehrt die Anerkennung einer schöpferischen Kraft unter dem Namen des Allmächtigen Baumeisters aller Welten.
- Alle wahren Freimaurer, welchem Land immer sie angehören, stellen eine Familie von Brüdern dar, die über die Oberfläche der Erde zerstreut sind; sie bilden den Bund der Freimaurer.
- Die Freimaurerei legt der Erforschung der Wahrheit keinerlei Schranken auf; um jedermann diese Freiheit zu sichern, fordert sie unbedingte Toleranz.
- Daher steht die Freimaurerei allen Nationen, allen Rassen und jedem Glauben offen; sie verbietet in ihren Versammlungen jede politische oder religiöse Erörterung; sie nimmt jeden auf, der frei und von guten Sitten ist, welches immer seine politische oder religiöse Überzeugung sein mag.
- Die Freimaurerei hat die Aufgabe, gegen Unwissenheit in jeder Form und in jedem Gewande zu kämpfen;

ihre Grundsätze lehren: den Gesetzen des Vaterlandes zu gehorchen, ehrenhaft zu leben, Gerechtigkeit zu üben, den Nächsten zu lieben, unablässig an den auf das Glück der Menschheit gerichteten Werken mitzuarbeiten und deren stete und friedliche Emanzipation zu fördern.

- Der Bund der Freimaurer ist in verschiedene, einander anerkennende Riten gegliedert, die alle die gleiche Wurzel haben und dem gleichen Ziel zustreben; welchem Ritus auch ein Freimaurer angehören mag, er ist Bruder aller Freimaurer der Erde.[7]

Im A. und A. Schottischen Ritus gibt es 33 Grade (s. Tab. 2).

Zur Bedeutung dieser Grade sagt die deutsche Freimaurerei: »Die klassischen Grade in der Freimaurerei sind traditionell Lehrling, Geselle und Meister in Anlehnung an die Bauhütten-Herkunft der Logen. Diese Grade drücken keine Hierarchie aus, sondern Erkenntnisstufen. Sie sind weltweit identisch. Daneben gibt es so genannte Hochgradsysteme, für die das Gleiche gilt: Es sind weiterführende, vertiefende Erkenntnisstufen, die keinerlei Über- bzw. Unterordnungsverhältnisse begründen.«[8]

---

7 Zitiert nach Eugen Lennhoff / Oskar Posner, *Internationales Freimaurer-Lexikon*, Wien 1932, Unveränd. Nachdruck 1992, Spalte 1410

8 http://freimaurer.org/vgl/faq/allge.htm, S. 1

Tab. 2: A. und A. Schottischen Ritus mit 33 Graden

Grad	*Name des Grades*
Blau	1. Lehrling 2. Geselle 3. Großmeister/Meister
Rot	4. Geheimer Meister 5. Vollkommener Meister 6. Geheimer Sekretär 7. Vorgesetzter und Richter 8. Intendant der Gebäude 9. Auserwählter Meister der Neun 10. Auserwählter Meister der Fünfzehn 11. Erhabener Auserwählter Ritter 12. Großmeister-Architekt 13. Meister des Neunten Bogens (Royal Arch) 14. Großer Auserwählter 15. Ritter des Degens 16. Prinz von Jerusalem 17. Ritter vom Osten und Westen 18. Ritter Rosenkreuzer
Schwarz oder Philosophisch	19. Groß-Pontifex 20. Großmeister aller Symbolischen Logen (auf Lebenszeit) 21. Noachite oder preußischer Ritter 22. Prinz von Libanon 23. Chef des Tabernakels 24. Prinz des Tabernakels 25. Ritter der ehernen Schlange 26. Prinz des Mitleids (der Gnade) 27. Ritter-Kommandeur des Tempels 28. Ritter der Sonne 29. Ritter des heiligen Andreas von Schottland 30. Ritter Kadosh
Oberster oder Weißer Freimaurer	31. Großinspekteur – Inquisitor – Kommandeur 32. Meister, Ritter und Prinz des Königlichen Geheimnisses 33. Souveräner General-Großinspekteur

Der Französische Ritus

Der Französische Ritus unterscheidet sich vom Schottischen vor allem durch die Zahl der Grade: Neben den drei blauen Graden (Lehrling, Geselle, Meister) vergibt er nur vier Hochgrade:

- Élu (Erwählter)
- Ecossais (Schottischer)
- Chevalier d' Orient (Ritter des Ostens)
- Chevalier Rose-Croix (Ritter vom Rosenkreuz)

Daneben gibt es einige kleinere Unterschiede im Ritual: die Säulen des Tempels sind vertauscht, auf dem Altar sind andere Seiten der Bibel aufgeschlagen, einige heilige und Passwörter unterscheiden sich; vor allem aber gibt es einen großen Unterschied in der Organisation: Die Logen haben ihren eigenen Großmeister, der autonom ist und also nicht vom Souverän oder vom Höchsten Rat abhängt; die blauen Grade haben ihre eigene Leitung, die in nationalen Belangen auch gegen den Rat der Hochgrade entscheiden kann.

Daraus ergeben sich gelegentlich Widersprüche, die die Beziehung zwischen dem Französischen und dem Schottischen Ritus stören können.

Ritus von York

Der Ritus von York ist besonders in den angelsächsischen Ländern verbreitet. Es handelt sich dabei nicht um ein geschlossenes System (wie etwa beim Schottischen Ritus), sondern um eine Reihe von Gruppen, die voneinander unabhängig sind. Der Name »York Rite« ist nicht offiziell; er wird meist nur zur Unterscheidung vom Schottischen Ritus gebraucht.

Dazu gehören vor allem zwei Gruppen:

- Die Kapitel-Maurerei (»Capitular Masonry«), in der viel vom Tempel Salomons und vom »verlorenen Wort« die Rede ist, das im königlichen Bogen tief unter dem Tempel entdeckt wird. Wie es dorthin gelangt ist, gehört zum Inhalt der zweiten Gruppe, der
- Kryptischen Maurerei (»Cryptic Rite«): Die Gründer der symbolischen Maurerei wollten das »verlorene Wort« sicher aufgehoben wissen, auch wenn einmal der Tempel einstürzen sollte. Es wird gelehrt, wie durch das Eingehen in den Ewigen Osten (den Tod) die Arbeit des einzelnen zwar vollendet ist, aber von anderen aufgenommen und fortgeführt wird. So wird das Werk von Generation zu Generation weitergeführt und kann nicht abbrechen, so wie das Wort nicht endgültig verloren gehen kann, sondern immer wieder gefunden wird.

Ritus von Herodom

Der Ritus von Herodom oder Ursprünglicher Ritus war angeblich die erste Form der schottischen Freimaurerei. Die Erklärung des Namens kennt vielerlei Varianten; die gebräuchlichste ist jene, die ihn von einem Berg mit dem antiken Namen Herodom ableitet, der in Schottland bei der Ortschaft Kilwinning liegen soll, dort aber unbekannt ist. Hier soll 1286 die erste Loge gebildet worden sein.

Der Ritus von Herodom ist vor allem in Schottland und in Deutschland verbreitet.

Er kennt 25 Grade, deren 24. (Ritter vom weißen und schwarzen Adler) dem 30. des Schottischen Ritus entspricht, während dessen drei höchste Grade zu einem einzigen, dem 25., vereint sind, dem »Prinzen des Königlichen Geheimnisses«.

Schwedischer oder Swedenborg-Ritus

Der Schwedische Ritus zeichnet sich durch eine starke innere Geschlossenheit aus. Er hat zwar zunächst ziemlich wahllos fremde Elemente aufgenommen, sie aber im Laufe der Zeit zu einer bemerkenswerten Einheit zusammenführen können, die ihm eine eigenständige Entwicklung sicherte.

Seine herausragende Eigentümlichkeit ist seine Verankerung in der Lehre Christi, wie sie in den Evangelien dargestellt ist, und in der mittelalterlichen Mystik. Es zeigen sich Einflüsse des schwedischen Mystikers Swedenborg, ohne dass dieser jedoch den Schwedischen Ritus selbst ins Leben gerufen hätte (wie fälschlich behauptet wird).

Gegen Ende des 18. Jahrhunderts war die Neubearbeitung des Systems abgeschlossen. Es stellt einen organischen Bau mit elf Graden dar (s. Tab. 3).

Tab. 3: 11 Grade des Swedenborg-Ritus

Logen	*Name des Grades*
Johannis	1. Lehrling 2. Geselle 3. Meister
Andreas	4. Schottische St. Andreas-Lehrlinge 5. Schottische St. Andreas-Gesellen 6. Schottische St. Andreas-Meister
Kapitel	7. Ritter des Ostens und Prinz von Jerusalem 8. Vertrauter Salomonis oder Ritter des Westens 9. Vertrauter Bruder St. Johannis 10. Vertrauter des hl. Andreas 11. Ritter-Kommandeur mit dem Roten Kreuz

Zinnendorf-Ritus

Dieser vor allem in Deutschland verbreitete Ritus ist weitgehend mit dem Schwedischen Ritus identisch. Unterschiede bestehen in den Graden, die er vergibt (s. Tab. 4).

Tab. 4: 11 Grade des Zinnendorf-Ritus

Logen	*Name des Grades*
Johannis	1. Johannis-Lehrling 2. Johannis-Geselle 3. Johannis-Meister
Andreas	4. Andreas-Lehrling, 5. Andreas-Geselle 6. Andreas-Meister
Kapitel	7. Ritter des Ostens, Stuartbruder, Prinz von Jerusalem 8. Ritter des Westens, auch Vertrauter Salomons 9. Vertrauter der Johannisloge 10. Auserwählter, auch Vertrauter des hl. Andreas (Andreas-Vertrauter) 11. Ritter-Komtur mit dem Roten Kreuz

Memphis- oder Ägyptischer Ritus und Misraim-Ritus

Diese beiden Riten, die eine Zeit lang vereint waren, spielen heute nur eine sehr geringe Rolle.

Der Memphis-Ritus wurde von einem Ägypter namens Samuel Honis in Frankreich eingeführt und propagiert, zunächst vor allem gegen den Misraim-Ritus. Er nannte sich zunächst »Orientalischer Freimaurer-Orden von Memphis«. Er besitzt ein kompliziertes System von 97 Graden. Nach einer wechselvollen Geschichte wurde er schließlich dem »Grand Orient de France« angegliedert, der aber die Grade nicht anerkannte.

In England erfolgte 1876 eine Verschmelzung mit dem Misraim-Ritus, die jedoch nicht lange hielt.

Die Freimaurerei in Italien

In Italien vermischen und überlagern sich Geschichte und Freimaurerei in besonderer und komplexer Weise. Wir wollen hier keine Urteile über Fakten oder Personen aussprechen. Wir beschränken uns deshalb darauf, nur einige wichtige Ereignisse wiederzugeben, in die die Freimaurer verwickelt waren.

Die wichtigsten Ereignisse

1733: Die erste Loge wird in Florenz gegründet.

1750: Die ersten Grade des Schottischen Ritus werden an Raimondo di Sangro, Fürst von San Severo, verliehen.

1768: In Turin entsteht die Loge »Saint Jean de la Mystérieuse« mit dem Großmeister Filippo Asinari di Bernezzo. Die Loge schließt sich 1778 dem Berichtigten Schottischen Ritus an, der Europa in zehn Provinzen einteilt; Italien gehört (mit Ausnahme der Lombardei) zur siebten Provinz, zusammen mit dem österreichisch-ungarischen Reich. 1782 wird Filippo Asinari Großmeister.

1774: Die lombardische Leitung des Berichtigten Schottischen Ritus, die von der Großloge von Wien abhängt, bildet die Loge »San Paolo Celeste« in Cremona und die Loge »Alla Concordia« in Mailand.

1779: Die Großloge von Neapel schließt sich dem Berichtigten Schottischen Ritus an.

1805 (5. März): In Mailand wird der erste Höchste Rat von Italien gebildet unter dem Vorsitz des Fürsten Eugène de Beauharnais.

1805 (20. Juni): In Mailand wird die Loge »Grande Oriente d' Italia« gebildet, die die Jurisdiktion über die ersten drei Grade erhält.

1808: In Norditalien zählt man etwa 30 Logen, während es in Süditalien bereits 94 sind. In Neapel wird der örtliche »Grande Oriente« gebildet.

Es war dies eine lange Periode voller wichtiger Ereignisse, doch bestimmend waren die Bildung des Alten und Bestätigten Schottischen Ritus durch Friedrich II. von Preußen und die Ankunft Napoleons in Italien (1796), der, wie fast alle seine Generäle, Freimaurer war, aufgenommen in Malta von der Loge, die von Cagliostro gegründet worden war.

Die Auswirkungen des Falls von Napoleon und die Wiederbelebung der Freimaurerei

Der Fall Napoleons wirkte wie ein Erdbeben auf die italienische Freimaurerei. Der Grande Oriente von Mailand löst sich auf, während die süditalienischen Logen im Verborgenen weiterarbeiten. Nachrichten über die Freimaurerei gibt es erst wieder nach 1848, als, so scheint es, der Höchste Rat von Mailand den Höchsten Rat von Turin gründet, der allerdings erst 1862 bekannt und offiziell wird.

Logen und geheime initiatische Vereinigungen unterbrechen dennoch nicht ihre Arbeit. Auch wenn sie im Untergrund wirken, lassen sich doch Zentren der Initiative und politischer Aktionen feststellen. Das berühmteste unter ihnen, die Carboneria, gehört zu den Hauptakteuren der Bewegungen des Risorgimento.

1861: Die Freimaurerei von Neapel macht durch die Loge »Sebezia« von sich reden, die durch das Bemühen des Benediktinerbruders Domenico Angherà entstand.

1862: Der höchste Rat des Ritus wählt den General Giuseppe Garibaldi zum Gran Commendatore.

1864: In Turin wird das »Consistorium« gebildet, also jenes Organ, zu dem alle Freimaurer des 32. Grades gehören. Dies setzt die Existenz aller niederen Grade voraus, die sich in den verschiedenen Organen und Logen versammeln.

1869: Die innere Lage der Freimaurerei ist äußerst kompliziert. Es gibt einen Höchsten Rat in Turin, einen in Florenz, einen in Palermo, und den Grande Oriente in Neapel. Sie alle gehören in gewissem Sinn zum Höchsten Rat von Boston. Eine Inspektion durch diesen erklärt jedoch die Räte von Florenz und Palermo für illegal, während dem Höchsten Rat von Turin das Recht zuerkannt wird, am Internationalen Kongress von Lausanne (1875) teilzunehmen.

1870: Mit der Verlegung der Hauptstadt Italiens von Florenz nach Rom zieht auch ein Teil des Höchsten Rates nach Rom um.

1875: Der Höchste Rat von Neapel und jener von Rom, ein Jahr später auch jener von Palermo, verbinden sich mit dem Höchsten Rat von Turin. Doch schon 1877 bricht dieses Bündnis zwischen Rom und Turin wieder auseinander. Es folgen schwierige Jahre, in denen ständig Abkommen und Spaltungen aufeinander folgen. Nur in wenigen Logen ist noch der initiatisch-meditative Geist stärker als die politisch-soziale Aktion.

1877: Schließlich vereint sich die Freimaurerei von Piemont durch die Vermittlung des Großmeisters Adriano Lemmi mit jener des übrigen Italien, und es entsteht der Grande Oriente d' Italia, zu dessen Vorsitzendem Lemmi selbst gewählt wird. Zehn Jahre später wird dieser zum Gran Commendatore der italienischen Freimaurer gewählt, eine Stellung, die er bis zu seinem Tode innehatte.

Währenddessen ist neben dem Schottischen Ritus nach 1860 eine Große Symbolische Loge entstanden (auf französischem Gedankengut basierend), deren Großmeister Costantino Nigra, Giuseppe Garibaldi und Francesco de Luca werden. Adriano Lemmi kann auch in diesem Fall vermitteln und erreicht ein Abkommen zwischen dem Schottischen Ritus und dem Symbolischen Französischen

Ritus (1884). Insgesamt ist es eine recht harmonische Periode in der italienischen Freimaurerei, auch wenn die politische Lage ziemlich unruhig ist.

Die Abänderung der traditionellen Grundsätze und die Spaltung

Im Jahre 1906 stirbt Adriano Lemmi. Die Nationalversammlung der Logen ändert die traditionelle Linie der Freimaurer, deren Grundsatz die Toleranz gegenüber allen politischen Richtungen war, ab und beschließt, nur noch die demokratischen Ideen und die mit ihr verbundenen Gruppen zu unterstützen. Damit ist der erste Einbruch in die wichtigsten Grundsätze der initiatischen Tradition gegeben.

Im Jahre 1908 bricht ein tiefer Konflikt innerhalb der Freimaurer aus, als der Grande Oriente einigen Abgeordneten mit ihrem Ausschluss droht, weil sie einen Gesetzentwurf nicht mit der nötigen Energie unterstützt hätten, der den staatlichen Zuschuss an die Konfessionsschulen abschaffen wollte.

Der Höchste Rat des Ritus bestreitet dem Großmeister Ferrari das Recht, freie Männer an der Entscheidung nach ihrem Gewissen zu hindern. Da keine Seite nachgibt, spaltet sich die Freimaurerei auf, und es entstehen zwei Vereinigungen: der »Grande Oriente di Palazzo Giustiniani« (mit dem Großmeister Torrigiani) und die »Gran Loggia di Piazza del Gesù« (mit dem Großmeister Palermi).

Vom Ersten Weltkrieg bis zur Zeit nach dem Zweiten Weltkrieg

1915: Beide Gruppen unterstützen den Eintritt Italiens in den Krieg.

1922: Die Freimaurer widersetzen sich nicht der Machtergreifung durch Mussolini. Auch wenn es den Faschisten verboten ist, Freimaurer zu werden, gehören doch viele von ihnen der einen oder anderen Gruppe an.

1925: Ein faschistisches Gesetz bestimmt die Auflösung beider Freimaurer-Gruppen.

1927: Die Freimaurerei ist in Italien offiziell abgeschafft. Viele Freimaurer werden verfolgt, viele andere suchen sich zu retten, indem sie sich jeder Aktivität enthalten, wieder andere kommen spontan zusammen, ohne sich sichtbar zu organisieren.

1943: Nach dem 25. Juli, dem Fall des Faschismus, gibt es eine gewisse Neuorganisation durch die vielen Freimaurer unter den englischen und amerikanischen Offizieren, die in Italien landen. Es wird versucht, die beiden Gruppen in einer »Vereinigten Freimaurerei« (Massoneria Unificata) zu vereinen, doch dieser ist nur ein kurzes Leben beschieden.

Inzwischen ist Italien geteilt: der Süden ist bereits befreit, während im Norden der Krieg noch andauert und der Widerstand sich ausbreitet. Palermi muss sich vor den Nazis verstecken und übergibt das Amt seinem Stellvertreter Martini. Dieser bemüht sich wieder um eine Einigung und gründet die Geheimloge »Carlo Pisacane«, die er dann der Gruppe von Piazza del Gesù zuführt.

Doch einige Zeit später (24. März 1944) wird er mit sieben Brüdern in den Fosse Ardeatine bei Rom ermordet.

Nach dem Krieg gibt es in Italien vier Freimaurer-Gruppen. Leider setzen sich die Spaltungen, Vereinigungen und neuerlichen Spaltungen weiter fort. Der Grund hierfür liegt darin, dass die italienische Freimaurerei sich immer mehr in die politischen Geschäfte einmischt, was zum einen sicher keine konstruktiven Auswirkungen hat, und zum andern das eigentliche Ziel der Freimaurerei immer mehr in den Hintergrund drängt: das spirituelle Leben.

1960 findet eine Einigung zwischen dem Grande Oriente d' Italia und der Gran Loggia d' Italia statt. Doch um diese große Gruppierung scharen sich viele nicht anerkannte Logen, so dass von »anarchistischen Zuständen« gesprochen werden muss.

Das »Problem Frau«

Unterdessen wird ein Problem immer drängender: die Zulassung von Frauen. Die gegenwärtige Lage der italienischen Freimaurerei in dieser Frage lässt sich schematisch so darstellen:

- Der Grande Oriente d' Italia ist nach wie vor Männern vorbehalten, auch wenn er Frauengruppen geöffnet ist, denen allerdings das Recht auf Einweihung verwehrt wird.

- Die Gran Loggia d' Italia, die lange Zeit den Männern vorbehalten war, hat sich nach der Spaltung von 1908 für Frauen geöffnet, die Mitglieder mit gleichen Rechten werden können.
- Die Gruppe Diritto Umano, Mitglied der Föderation Droit Humain, 1893 in Frankreich gegründet und in Italien seit 1905 unter dem Namen Große Symbolische Gemischte Loge (Gran Loggia Simbolica Mista) präsent, betrachtet Mann und Frau als absolut gleichberechtigt.
- Daneben gibt es rein weibliche Gruppen, zu denen Männer nicht zugelassen werden.

Abschließend muss festgestellt werden, dass die Freimaurer in Italien nach wie vor nicht die gleiche Freiheit besitzen wie in allen anderen europäischen Demokratien und jenen der anderen Kontinente. Es herrschen weiterhin Desinformation, Unwissenheit, Vorurteile; vor allem aber lastet die Intoleranz der katholischen Kirche schwer auf der Freimaurerei.

Die »Geheimloge P2«[9]

Im 19. Jahrhundert gründete Giuseppe Mazzoni[10] in Rom die »Loggia Propaganda Massonica«, (Freimaurerische

9 Dieser Abschnitt wurde vom Übersetzer eingefügt.

10 Nicht zu verwechseln mit Giuseppe Mazzini, Kämpfer für die Freiheit und Einheit Italiens (1805 - 1872), der zwar selbst kein Freimaurer war, aber wegen seines Einsatzes für die Freiheit und für die (vor allem um Garibaldi versammelten) Freimaurer war er Ehrenmitglied einiger Logen.

Propaganda-Loge), in der er besonders hervorragende Mitglieder des Bundes versammeln wollte. Tatsächlich gehörten ihr zahlreiche bedeutende italienische Politiker, Dichter und Gelehrte an. Es war damit also eine Loge geschaffen worden, die nicht jedem offen stand, sondern nur ausgewählten Brüdern.

Nachdem Mazzoni 1880 gestorben war, wurde 1887 eine Loge mit dem Namen »Propaganda 2« (oder abgekürzt P2, ital. pi due) gegründet, die ein Gegengewicht zu der katholischen Kongregation »De propaganda fide« (Für die Ausbreitung des Glaubens) bilden sollte.

Dieser Loge gehörten 80 reguläre Mitglieder an. Dazu kamen rund 400 Kandidaten und ein schwer zu bestimmender Kreis von Sympathisanten. Wegen ihrer Exklusivität erregte sie zunehmend Ärgernis innerhalb der italienischen Freimaurerei, so dass schließlich 1974 ein Großlogentag ihre Auflösung beschloss. Doch da die Macht der Führung nur so weit reicht, eine Auflösung zu beschließen, nicht aber zu verhindern, dass die Mitglieder sich weiterhin treffen, bestand die P2 de facto weiter.

Der letzte Großmeister der P2, Licio Gelli, geriet immer mehr in den Verdacht, in kriminelle Handlungen verwickelt zu sein. Deshalb wurde er vom Grande Oriente aus der Freimaurerei ausgeschlossen. 1981 wurde er verhaftet, konnte aus dem Gefängnis ausbrechen, stellte sich aber schließlich 1987 aus Gesundheitsgründen selbst. Die P2 wurde verboten und aufgelöst.

Darzustellen, was die P2 wirklich war und welche Bedeutung sie im politischen System Italiens hatte (und hat?), würde ein eigenes Buch erfordern. Wir beschränken uns deshalb auf die wichtigsten Fakten.[11]

Es wurde (und wird) viel von einer »Geheimloge P2« gesprochen. Doch nichts ist falscher als das. Seit 1975 waren zahlreiche Artikel in der Presse erschienen, die ausführlich von der P2 sprachen. Dennoch erklärten sämtliche Parteivorsitzenden vor einer Untersuchungskommission noch 1983, nie etwas von einer »P2« gehört zu haben ... Schon daraus lässt sich ersehen, dass die »P2« Teil einer geheimen Struktur gewesen sein muss, über die in der Öffentlichkeit nicht gesprochen werden durfte. Tatsächlich gab es eine »Organisation«, die stets nur mit diesem Begriff bezeichnet wurde, ohne jede nähere Erklärung. In dieser »Organisation« flossen zusammen: Politik (vor allem Christdemokraten und Sozialisten), Militär (vor allem die hohen Ränge), Carabinieri, Industrielle (FIAT), Presseorgane, Vatikan, Geheimdienste – und nicht nur die italienischen, sondern vor allem auch die CIA –, Freimaurer (eben die »P2«), Mafia ... und die nationale Rechte. Die Aufgabe dieser »Organisation« war es, einem möglichen Linksrutsch Italiens entgegenzuwirken bzw. »Gewehr bei Fuß« (im wörtlichen Sinne) zu stehen, falls die Wahlerfolge der kommunistischen

---

11 Wer sich intensiver mit der »P2« und den »okkulten Mächten« im Italien der Nachkriegszeit beschäftigen möchte und des Italienischen mächtig ist, sei auf das Internet verwiesen. Unter dem Suchbegriff »Loggia P2« finden sich zahlreiche Links, die den Zugang zu hoch interessantem Material bieten. Besonders ergiebig ist www.clarence.com; dort gibt es eine »Banca dati della memoria«, die die Untersuchungen der »Commissione stragi« dokumentiert. Auch die Nachforschungen des Journalisten Luigi Cipriani bieten Einblick in die in Deutschland weitgehend unbekannte Seite der italienischen Politik.

Partei (PCI) die Gefahr eines Abdriftens des Landes aus dem westlichen Bündnis (vor allem der NATO) mit sich bringen sollten.

Zahlreiche Sprengstoffanschläge gehen auf das Konto dieser »Organisation«: so etwa im Bahnhof von Bologna oder im Schnellzug »Italicus« zwischen Florenz und Bologna, aber auch viele andere. Das Ziel dieser Anschläge war es, eine so starke Unsicherheit zu erzeugen, dass der Übergang zu einer autoritären Regierung gerechtfertigt und erforderlich scheinen konnte (»strategia della tensione«).

Schließlich gab es auch eine ganze Reihe von Versuchen, durch einen Staatsstreich die Machtverhältnisse zu Gunsten der Rechten zu verschieben.

Dieses okkulte Machtgeflecht, das durch das Wort »Staatsgeheimnis« geschützt und deshalb nicht aufgedeckt werden konnte, wurde erst dann bekannt, als die politischen Verhältnisse in Europa sich nach dem Fall der Berliner Mauer grundlegend geändert hatten und das Ende des »Kalten Krieges« die Furcht vor einer kommunistischen »Machtergreifung« in Italien als nicht mehr begründet erscheinen ließ.

Die Tatsache, dass viele (auch nachträglich noch) erschreckende Details vor allem durch die Arbeit der parlamentarischen Untersuchungskommission und mutiger Journalisten aufgedeckt wurden und dass die wichtigste politische Partei im Italien der Nachkriegszeit (nämlich die »Democrazia cristiana«) praktisch aus den (erkennbaren) Machtzentren entfernt wurde, bedeutet allerdings nicht unbedingt, dass die wahren Machtverhältnisse sich grundlegend geändert hätten …

Die Freimaurerei in Deutschland

Die erste Loge in Deutschland wurde im Jahre 1737 in Hamburg gegründet. Schon im darauf folgenden Jahr (1738) wurde der preußische Kronprinz und spätere König Friedrich II. von Preußen (1740) von der gerade gegründeten Loge in Braunschweig angenommen. Er sollte für die Entwicklung der Freimaurerei in Deutschland eine hervorragende Rolle spielen. Fälschlicherweise wird überliefert, er habe (1762 oder 1768) den A. u. A. Schottischen Ritus gegründet, obwohl dieser nachweislich erst im Jahre 1801 entstand. Doch während seiner Regierungszeit und mit seiner Billigung entstand im Jahre 1740 in Berlin die Loge »Aux trois globes«, heute die »Große National-Mutterloge zu den drei Weltkugeln«, die sich 1958 mit der »Großen Landesloge der Freimaurer von Deutschland« (G. G. L. F. v. D.) und der »Großloge der Alten Freien und Angenommenen Maurer von Deutschland« (A. F. u. A. M. v. D.) zu den »Vereinigten Großlogen von Deutschland« zusammenschloss. Heute sollen diesen etwa 21 000 Brüder angehören, deren Durchschnittsalter in den meisten Logen bei etwa 60 Jahren liegen dürfte.[12]

---

12 http://freimaurer.org/vgl/faq/logen.htm, S.2

Die wichtigsten Logengründungen waren:

1737: Hamburg
1738: Dresden
1740: Berlin
1741: Bayreuth, Leipzig, Breslau, Frankfurt a.O., Frankfurt a.M.
1745: Marburg
1746: Hannover
1748: Celle
1752: Oldenburg
1754: Schwerin

Mit der raschen Ausbreitung und der wachsenden Zahl der Logen entstanden auch übergeordnete Strukturen, die sich »Provinzial-Großlogen« oder »Mutterlogen« nannten. So bildeten sich:

1740: die Provinzial-Großloge von Hamburg und Niedersachsen
1740: die Loge »Zu den drei Weltkugeln«, die sich ab 1744 »Große königliche Mutterloge ›Zu den drei Weltkugeln‹« nannte
1741: die »Union von Frankfurt«
1741: die obersächsische Großloge »Aux trois Aigles blancs«

Im 19. Jahrhundert werden eine Reihe weiterer Großlogen gegründet, die im Allgemeinen auf der Zugehörigkeit zu einer christlichen Religionsgemeinschaft bestehen. Gegen Ende des 19. Jahrhunderts erachteten nur noch die

»Große National-Mutterloge ›Zu den drei Weltkugeln‹« (bis 1964) und die »Große Landesloge der Freimaurer von Deutschland« dies noch für notwendig. Letztere bezeichnet sich noch heute als »Freimaurerorden«.

Schon im Jahre 1742 begann das bis dahin recht einheitliche System der Freimaurerei seine Geschlossenheit zu verlieren, als »schottische Logen« eingeführt und viele den Logen nachgebildete Organisationen gegründet wurden.

Vor dem Ersten Weltkrieg erfreute sich die Freimaurerei eines blühenden Lebens. Schon 1873 hatte die »Große National-Mutterloge« über 180 Tochterlogen gegründet. Der Krieg brachte jedoch eine Verminderung der Tätigkeit und des Interesses mit sich.

Nach dem Ersten Weltkrieg erblüht das Leben der Logen von neuem. So wurde etwa Gustav Stresemann als Freimaurer angenommen.

Vor der Machtergreifung Hitlers konnte allein die Große National-Mutterloge 185 Tochterlogen mit etwa 22 000 Brüdern verzeichnen.

Noch 1933 wurde die Große National-Mutterloge in »Nationaler christlicher Orden: Friedrich der Große« umbenannt. In Gesprächen mit einflussreichen Nationalsozialisten versuchte man, einem Verbot der Logen, denen Hitler keineswegs wohl gesonnen war, entgegenzuwirken. Vergeblich. Im Jahre 1935 musste der »Nationale christliche Orden« seine Selbstauflösung beschließen. Das gesamte Vermögen wurde eingezogen.

Nach dem Ende des nationalsozialistischen Terrors wurde bereits 1946 die »Große National-Mutterloge« in Berlin (im amerikanischen Sektor) wieder eingesetzt.

1949 gab es auf dem Gebiet der BRD zwei Großlogen, nämlich die »Große Landesloge der Freimaurer von Deutschland« und die »Vereinigte Großloge der Freimaurer von Deutschland«, die später in »Vereinigte Großloge der Alten Freien und Angenommenen Maurer« (A. F. A. M.) umbenannt wurde. Dieser schlossen sich fast alle Tochterlogen der Großloge »Zu den drei Weltkugeln« an.

Die Vereinigte Großloge vertrat die Ansicht, dass es die »Große National-Mutterloge« wegen des Selbstauflösungsbeschlusses von 1935 gar nicht mehr gebe. Der BGH stellte 1955 fest, dass jener Beschluss erzwungen und deshalb unwirksam sei. Dennoch konnten die Missstimmungen zwischen den Großlogen erst 1963 ausgeräumt werden. Zu diesem Zeitpunkt schloss sich die »Große National-Mutterloge« den »Vereinigten Großlogen von Deutschland – Bruderschaft der Freimaurer« an.

In der DDR war die Freimaurerei verboten und konnte erst nach dem Fall des kommunistischen Regimes 1989 wiederbelebt werden.[13]

Welche Rolle die Freimaurerei im gesellschaftlichen und politischen Leben Deutschlands in der Gegenwart spielt, lässt sich nur schwer abschätzen. Spekulationen (und vielleicht auch Nachforschungen) hierüber überlassen wir dem Leser.

---

13 Eine Liste aller deutschen Logen findet sich im Anhang.

II

Der Weg in die Loge

Der Profane

An diesem Punkt angekommen, wird sich der Leser fragen: »Was soll ich nun tun, nachdem ich so viele Informationen erhalten habe?«

Wenn in ihm der Wunsch erwacht ist, die Freimaurerei näher, d.h. direkt und persönlich, kennen zu lernen, hängt alles von seinem eigenen Willen ab: ob er es vorzieht, sich selbst ein Urteil zu bilden, indem er eigene Erfahrungen macht, oder ob er einfach das annehmen will, was er von anderen hört.

Das Erwachen

Sehen wir uns das Wort »profan« einmal genauer an. Es kommt aus dem Lateinischen und setzt sich zusammen aus den Teilen »pro«, vor, und »fanum«, Heiligtum. Der »Pro-fane« ist also der, der vor der Tür des Tempels steht, da er noch nicht zugelassen und eingeweiht ist. In der Freimaurerei wird als ein »Profaner« derjenige betrachtet, der noch nicht als Freimaurer aufgenommen, ja noch nicht einmal vorgeschlagen worden ist.

Wenn wir weiter denken, stellen wir fest, dass, wer noch gar nichts weiß, noch nicht einmal, dass es eine Organisation namens »Freimaurerei« gibt, wer noch nicht kontaktiert worden ist und deshalb auch nicht den Wunsch haben kann zugelassen zu werden, der ist weniger als ein Profaner, da er gar nicht weiß, dass er es ist. Auch der Zustand der Profanität bedarf eines Bewusstseins.

Stellen wir uns eine Person vor, die vor einer verschlossenen Tür steht, sie gar nicht beachtet, nicht einzutreten wünscht und überhaupt nicht von dem angezogen ist, was hinter der Tür sein könnte.

Nun, diese Person weiß nicht, dass sie ein »Profaner« ist, aber wenn jemand ihr erklärt, dass hinter der Tür etwas ist, was ihre Aufmerksamkeit erregen könnte, dann kann in ihr ein Interesse erwachen und zu einem Wunsch werden, und dann wird sie bemerken, dass die Tür sich nicht für jedermann öffnet und dass sie, diese Person, nicht zugelassen ist, obwohl sie es wünscht – dann ist sie zu einem Profanen geworden.

Gebrauchen wir ein anderes Beispiel: Ein Junge hat ein neues Spielzeug. Wenn er kein Interesse hat, wird er vielleicht noch die Schachtel öffnen, es dann aber liegen lassen; wenn er jedoch davon angesprochen wird, wenn sein Interesse erwacht, wird er es mit Aufmerksamkeit betrachten, wird verstehen wollen, wie es funktioniert, und er wird jemanden suchen, der ihm erklären kann, wie man damit spielt.

Und genau in diesem Augenblick, wenn das Interesse erwacht, entsteht das Bewusstsein der eigenen Profanität.

Für die Freimaurerei kann man durch vielerlei »erweckt« werden: durch jemanden, der das Interesse erregt durch gut überlegte Fragen und Äußerungen; durch das Verhalten und die Art der Mitteilung einer Person, von der man annimmt, sie sei ein Freimaurer; oder auch von Freimaurern, die keine Schwierigkeiten haben, sich als solche zu erkennen zu geben, und die dazu auffordern, man möge sie beobachten; durch Hinweise in philosophischen oder anderen Büchern, durch die Presse, auch durch die Skandalchronik, die – oft übertreibend – die Freimaurerei anführt und dadurch zumindest die Neugier und den Wunsch weckt, sich eine eigene Meinung zu bilden.

Wer sich dessen bewusst geworden ist, ein »Profaner« zu sein unter allen Aspekten, steht vor der ersten »Tür«, und da bieten sich ihm zwei Möglichkeiten: entweder wird jemand, der selbst Freimaurer ist und als »Bürge« auftritt, seinen Namen vorschlagen, oder er muss an die Tür klopfen und seine Absichten ehrlich äußern. Er wird so zum »Suchenden«.

Annäherung und Aufnahme

Im Allgemeinen wird derjenige, der sich mit seinem Aufnahmewunsch an eine Loge wendet, eine schriftliche oder mündliche Einladung erhalten, einen schriftlichen Antrag mit seinem Lebenslauf zu stellen.

Der Empfang ist immer sehr zurückhaltend. Wenn man in dem Suchenden jedoch Aufrichtigkeit und den ernsten

Wunsch nach einem Kontakt zum Kennenlernen bemerkt, dann wird das Gespräch weitergehen, entweder sofort, wenn gerade eine zuständige Person anwesend ist, oder zu einem späteren Zeitpunkt, der sofort vereinbart wird.

Es finden dann einige Treffen mit verschiedenen Personen statt, die sich bestimmter wesentlicher Voraussetzungen versichern müssen: dass der Suchende ein freier Mann von gutem Ruf ist und mit den »Alten Pflichten« in Einklang steht, also aufrichtig, ehrlich, frei von Vorurteilen gegenüber Rassen, Religionen und politischen Ideen ist, dass er keiner der Freimaurerei feindlich gesonnenen Organisation angehört, dass er bereit ist, sich selbst zu ändern, um die Menschheit über Initiation und Meditation zu verbessern.

Außerdem wird eine gewisse finanzielle Unabhängigkeit erwartet. Das ist einleuchtend, denn außer für die eigenen Bedürfnisse braucht die Loge Geld für die Aufgaben, die sie zu erfüllen hat, und dies sind häufig humanitäre Hilfen. Daneben werden Not leidende Brüder und deren Angehörige aus den Logengeldern unterstützt.

Bei diesen vorbereitenden Treffen muss der Suchende aufrichtig sein und darf seine Wünsche und Absichten, die ihn bewegen, nicht verbergen. Es kann vorkommen, dass er zu einer Veranstaltung eingeladen wird (einem Vortrag, einer Gedenkzeremonie, einer kulturellen Zusammenkunft oder einem Essen), bei der dann sein spontanes Verhalten beobachtet werden wird. Es ist deshalb nutzlos, die Rolle einer ausgezeichneten Person zu spielen: den Experten wird der Unterschied zwischen der Vorstellung und der Realität, zwischen Maske und wahrem Antlitz nicht entgehen.

Das Prüfungsverfahren

Entspricht der Suchende den an ihn zu stellenden Bedingungen, leitet der Bürge das eigentliche Aufnahmeverfahren ein. Wie dies vor sich geht, soll anhand des »Hausgesetzes« einer Wiener Loge (1953) dargestellt werden:

§ 12: Das Vorprüfungskomitee besteht aus einer festzusetzenden Anzahl von Brüder Meistern ... Sie sind zu strengster Verschwiegenheit verpflichtet. Es entscheidet Stimmenmehrheit, der Vorsitzende stimmt mit ...

§ 13: Ist der Beschluss der Vorprüfungskommission einstimmig befürwortet ..., so wird der Bürge durch den Meister vom Stuhl verständigt und der Suchende kann sein Aufnahmegesuch einbringen. ... Diesem Gesuch sind Fotografien und ein Curriculum Vitae ... beizulegen.

§ 15: Der Name des Bürgen und der Informatoren sind unbedingt geheim zu halten.

§ 16: Der Bürge darf ... außer dem Meister vom Stuhl ... niemandem über die Anmeldung Mitteilung machen. Auch die Informatoren dürfen niemandem von ihrem Auftrag Erwähnung tun. In der eigenen Loge dürfen sie keine Informationen einholen ...

§ 17: ... Nach Ablauf des in der Konstitution vorgeschriebenen Zeitraumes ordnet der Meister vom Stuhl die Kugelung an.[14]

---

14 Hausgesetz der Loge Gleichheit im Orient zu Wien, 1953, S. 7f. (zitiert nach Dieter A. Binder, *Die Freimaurer*, Freiburg 1998, S. 257f.)

Die im letzten Satz erwähnte »Kugelung« ist die in der Loge übliche Art der Abstimmung über den Aufnahmeantrag. Dabei werden in geheimer Abstimmung weiße Kugeln für die Zustimmung und schwarze für die Ablehnung abgegeben. Bei einem »hell leuchtenden« Ergebnis (nur weiße Kugeln) ist der Suchende aufgenommen. (Nicht in allen Logen ist Einstimmigkeit erforderlich; manche nehmen auch bei einem Ergebnis mit zwei oder drei schwarzen Kugeln auf.)

Die Einberufung

Wie geht es nun weiter? Ist die Abstimmung positiv verlaufen, wird der Suchende davon unterrichtet. Er wird durch seinen Bürgen auf das Verfahren vorbereitet und zum festgelegten Zeitpunkt in das Logengebäude eingeladen. Nach dem Ritual der Großloge A. F. u. A. M. von Deutschland werden ihm in einem Vorbereitungsraum drei Fragen vorgelegt, die er zu beantworten hat: »Was sagt Ihnen der Begriff des Großen Baumeisters aller Welten? Was erwarten Sie von Ihrer Aufnahme für Ihr künftiges Leben? In welcher Weise glauben Sie, zur Verwirklichung der Idee der Freimaurerei beitragen zu können?«[15] Nach der Beantwortung dieser Fragen wird der Suchende in die »Kammer der verlorenen Schritte« oder »Kammer des stillen Nachdenkens« geführt.

---

15 Ritualkunde der GL A. F. u. A. M. v. D., I-III, Hamburg 1971/72, I, S. 45f.

Die »Kammer des stillen Nachdenkens«

Es handelt sich um einen Raum, der gegen Geräusche von außen abgeschirmt, dunkel ausgeschlagen und nur schwach erleuchtet sein soll, damit der Suchende ungestört meditieren kann. Doch der Sinngehalt dieser Kammer liegt noch viel tiefer. Er geht auf die initiatische Tradition Ägyptens und anderer Mysterienkulte zurück, nach der der Suchende längere Zeit (manchmal Monate) in einer dunklen Höhle verbringen musste, in der er sich der inneren und äußeren Reinigung widmete, vor allem durch Fasten. Dabei wurde er von schrecklichen Visionen, etwa des Todes, heimgesucht. Natürlich wird dieses Ritual, das den Übergang vom Tod zum Leben versinnbildlicht, heute nur noch symbolisch durchgeführt.

Der Eintretende findet in diesem Raum einen Hocker und einen kleinen Tisch, auf dem verschiedene Gegenstände liegen: ein Totenschädel, eine brennende Kerze, ein Stück Brot, ein Krug mit Wasser und Schreibgerät. Totenschädel und Kerze sind Symbole für Tod und Wiedergeburt. Eine Sanduhr steht für die Kürze und Vergänglichkeit des Lebens, ein Hahn für die Morgenröte, also den beginnenden Tag, die Auferstehung aus dem Dunkel der Nacht.

Vielleicht entdeckt der Suchende auch eine geöffnete Bahre und verschiedene Schilder mit Aufschriften wie: »Wenn dich die Neugier hergeführt hat, gehe!«, oder: »Erkenne dich selbst!«

Abb. 1: Einige Symbole aus der Kammer des Stillen Nachdenkens

Vielfach liest er auch an der Wand die Inschrift: V. I. T. R. I. O. L., die Abkürzung für den alchimistischen Satz: *Visita Interiora Terrae, Rectificando Invenies Occultum*

Lapidem, zu Deutsch: »Erforsche das Innere der Erde und, indem du den richtigen Weg gehst, wirst du den verborgenen Stein finden.« Das »Innere der Erde« meint das eigene Innere, das zu erforschen ist; der richtige Weg ist der Weg der Initiation und der Meditation; der »verborgene Stein« ist der »Stein der Weisen«, eine Allegorie für die Erkenntnis, die Weisheit, oder – in der freimaurerischen Terminologie – der »raue Stein« des Lehrlings und der »behauene Stein« des Gesellen, an denen gearbeitet werden muss, bis sie die vollkommene Gestalt erhalten haben.

Die Erfahrung in der »Kammer des stillen Nachdenkens« ist die Prüfung im Element Erde, die erste auf dem Weg durch die vier Elemente.

Eines der Schilder mahnt: »Wenn du durchhältst, wirst du von den Elementen gereinigt werden, wirst aus dem Abgrund der Dunkelheit aufsteigen und zum Licht gelangen.«

Der Suchende wird nun aufgefordert, alle Gegenstände aus Metall abzulegen, die er bei sich trägt. Diese Handlung hat einen tiefen symbolischen Gehalt, da sie – neben der Befreiung des Körpers von Materialien, die den Energiekreislauf beeinflussen können – bedeutet, dass man nicht an materiellen Gegenständen hängt. Außerdem werden die Metalle, die nicht selbst leuchten, sondern das Licht reflektieren, als täuschend angesehen wie vorgefasste Ideen und Vorurteile. Die alte Feststellung, es sei leichter, die Wahrheit zu erkennen, wenn man gar nichts weiß, als wenn man das Falsche weiß, trifft auch hier zu.

Der Suchende, der sich der Metalle entledigt, versetzt sich in einen Zustand von Reinheit und Demut. Diese zwei grundlegenden Begriffe kennzeichnen viele besondere Momente der Freimaurerei. Die Praxis, sich vor wichtigen Zeremonien von den Metallen zu befreien, geht auf eine ägyptisch-griechische Tradition zurück.

Nach dem Ritual der deutschen Logen legt er auch den Rock ab (Zeichen der Armut), entblößt die linke Brustseite (Zeichen für Ehrlichkeit und Offenheit, gleichzeitig Ablegen des Egoismus), den linken Arm und das linke (oder rechte) Knie, der linke Schuh wird gegen einen Pantoffel ausgetauscht. Nun werden ihm die Augen verbunden, und er wird arm, blind, hilflos und hinkend zur Tür des Tempels geführt, an die er dreimal klopfen muss.

Der Eintritt in den Tempel oder die Lichtgebung

Nachdem ihm die Tür geöffnet wurde, wird er vom Zweiten Aufseher in Richtung Osten, also zum Altar geführt und zum Meister vom Stuhl, der ihn noch einmal auf die Schwierigkeiten aufmerksam macht, ein guter Maurer zu werden, und ihn auffordert, seinen Entschluss zu überdenken. Beharrt der Suchende auf seinem Wunsch, fordert ihn der Zweite Aufseher auf: »Folgen Sie mir ohne Furcht!« Damit beginnen die drei Reisen des Lehrlings.

Alle Reisen (die hier nicht in ihren Einzelheiten dargestellt werden) führen von Westen nach Osten, also von der Dunkelheit zum Licht, und stellen so den Weg zur Erleuchtung dar. In ihrem Verlauf werden dem Lehrling verschiedene Erläuterungen zum Sinn der einzelnen Reise gegeben.

Danach kniet der Lehrling vor dem Altar nieder und leistet sein Gelöbnis (oder den Eid):

»Ich gelobe bei meiner Ehre und bei meinem Gewissen: Mich der Humanität aus vollem Herzen und mit ganzer Kraft zu widmen. Demgemäß meine Pflichten gegenüber meiner Familie, meiner Gemeinde, meinem Land und der Gemeinschaft aller Menschen gewissenhaft zu erfüllen. Verschwiegenheit zu bewahren über die Gebräuche und inneren Angelegenheiten der Maurerei und mit niemandem darüber zu sprechen, den ich nicht sicher als Maurer erkennen kann. Den Gesetzen der Bruderschaft und dem Hammerschlag des Meisters maurerischen Gehorsam zu leisten. Die Arbeit meiner Loge nach Kräften zu fördern, ihr einen angemessenen Teil meiner Zeit und Arbeitskraft zu widmen und sie nie ohne gültige Ursache zu verlassen. Meinen Brüdern mit Rat und Tat zur Seite zu stehen und die Geheimnisse eines Bruders wie meine eigenen zu verschweigen. Die Zusage auf Maurerwort so gewissenhaft zu halten wie einen heiligen Eid.«[16]

Nun wird dem Lehrling die Binde abgenommen, und er sieht die drei großen Lichter der Freimaurer auf dem Altar. Die Brüder nehmen ihn in ihre Kette auf, und es wird das Bundeslied angestimmt:

---

16 Ritualkunde I, S. 72

Brüder, reicht die Hand zum Bunde!
Diese schöne Feierstunde
führ' uns hin zu lichter'n Höh'n!
Lasst, was irdisch ist, entfliehen,
unsers Bundes Harmonien
dauern ewig, fest und schön!

Preis und Dank dem Weltenmeister,
der die Herzen, der die Geister
für ein ewig Wirken schuf!
Licht und Recht und Tugend schaffen
durch der Wahrheit heil'ge Waffen
sei uns göttlicher Beruf!

Seid auf diesem Stern die Besten,
Brüder all' in Ost und Westen,
wie im Süden und im Nord;
Wahrheit suchen, Tugend üben,
Gott und unsre Brüder lieben,
das sei unser Losungswort![17]

Geselle und Meister

Wir haben die Aufnahme eines Profanen als Lehrling in die Freimaurerei ausführlich dargestellt, weil in dem gesamten Ritual das Wesen der Freimaurerei recht anschaulich zu erkennen ist.

---

17 Zitiert nach Dieter A. Binder, *Die Freimaurer*, Freiburg 1998, S. 287

Die Beförderung des Lehrlings zum Gesellen und des Gesellen zum Meister kennt jeweils ihr eigenes Ritual. Diese unterscheiden sich vom Lehrlingsritual nicht so wesentlich, dass sie hier ebenfalls ausführlich dargestellt werden müssten.

Wichtig ist, dass vor jeder Beförderung in der Regel wenigstens ein Jahr vergangen sein muss, während dessen der Lehrling bzw. Geselle gewandert und wenigstens drei andere Logen besucht und in ihnen gearbeitet haben soll.

Die Loge und der Tempel

Die Loge

Über die Herkunft des Wortes »Loge« gibt es verschiedene Deutungen, die jedoch alle nicht sehr überzeugend sind. Am einleuchtendsten scheint die Herleitung vom lateinischen »logia« oder »logium«, Wohnhaus, bzw. vom englischen lodge, »Wohnung«. Im Deutschen war anfangs immer von »(Bau-)Hütte« die Rede. Das italienische »loggia« ist allen Italienkennern wohl vertraut: es bezeichnet meist eine halb offene Säulenhalle mit Bögen, wie etwa die Loggia dei Lanzi in Florenz bzw. deren Kopie, die Feldherrnhalle in München.

Die »Loge« ist nach dem freimaurerischen Sprachgebrauch »der Ort, wo die Maurer zusammenkommen und arbeiten. Daher nennt man dann jene Versammlung oder gehörig eingerichtete Gesellschaft von Maurern eine Loge. Jeder Bruder muss einer solchen angehören«.[18] Das Wort »Loge« hat also eine doppelte Bedeutung: zum einen ist sie ein Ort, dann aber auch die Gemeinschaft der an diesem Ort versammelten Menschen.

---

18 Anderson, *Konstitutionsbuch* 1723

Das Leben der Loge wird von den Statuten der Großloge geregelt, zu der sie gehört, sowie von eigenen Statuten, die nicht im Widerspruch zu denen der Großloge stehen dürfen.

Die Loge ist »gerecht und vollkommen«, wenn mindestens sieben ihrer Mitglieder, von denen drei Meister sein müssen, anwesend sind; nur dann kann sie »arbeiten«.

Innerhalb der Loge gibt es eine ausgeprägte Hierarchie. An ihrer Spitze stehen: der Meister vom Stuhl und sein Stellvertreter, Erster und Zweiter Aufseher. Dazu kommen weitere »Beamte«, die jeweils für ein Jahr gewählt sind: Redner und Sekretär, Schriftführer, Schatzmeister. Außerdem gibt es: einen Zeremonienmeister, zwei Diakone, einen Archivar, einen Almosenier und andere.

Der Tempel

Der Begriff »Tempel« wird verschieden gebraucht. Zunächst bezeichnet er den salomonischen Tempel als geistig-mythischen Bezugspunkt der gesamten Logenarbeit; dann häufig das Haus der Loge insgesamt; und schließlich den eigentlichen Versammlungsraum, in dem die Logenmitglieder zusammenkommen um zu »arbeiten«.

Dieser Tempel als Versammlungsort kann ein ständig zur Verfügung stehender und entsprechend eingerichteter, oder auch ein beliebiger Raum sein, der jeweils für die Zusammenkunft mit einfachsten Mitteln hergerichtet wird; es genügt, wenn die unentbehrlichen Symbole vorhanden sind. Diese Form war natürlich in Zeiten der Verfolgung die einzig mögliche, denn der Tempel konnte durch ein mit Kreide auf den Fußboden gemaltes Rechteck symbolisch dargestellt und nach Beendigung der Arbeit wieder ausgelöscht werden.

Vielleicht stellt nun mancher Leser die Frage: Da der Tempel nur Eingeweihten zugänglich ist und durch ein formelles Geheimhaltungsgebot geschützt wird – wieso kann er dann in der Öffentlichkeit beschrieben und dargestellt werden?

Die Antwort ist sehr einfach: weil es im Freimaurer-Tempel kein Geheimnis gibt, solange die Zeremonie der Öffnung der Loge nicht ordnungsgemäß durchgeführt wurde. Dies erklärt, warum es viele Fotografien, ja sogar Fernsehaufnahmen von Tempeln gibt und warum Profane an gewissen Zeremonien teilnehmen können. Alle Symbole als solche sind in ihrer äußeren Erscheinung sattsam bekannt, dargestellt und beschrieben; doch sie »sprechen« nur, wenn der Ritus und die arbeitenden Eingeweihten jenen Bewusstseinszustand hergestellt haben, der nur den »Söhnen der Witwe« bekannt ist.

Auch wenn durch Leichtsinn oder Irrtum ein Profaner während der Arbeit der Loge anwesend sein sollte, würde er wenig entdecken, da er sicher nicht in die »Kette der Arbeitenden« eintreten könnte, die nur auf der subtilen Ebene des Bewusstseins agiert. Infolgedessen kann es auch keine Entweihung durch die zufällige Anwesenheit eines Profanen geben. Das Geheimnis bleibt für diesen nämlich als solches bestehen, da er selbst es ist, der es nicht begreifen kann. Der Tempel wird wirklich unzugänglich, wenn die ordnungsgemäß durchgeführte Zeremonie zum Übergang von der materiellen auf die Bewusstseinsebene führt, damit man sich am wahren Licht und an der Wahrheit des Geistes orientiert.

Kommen wir nun zur äußeren Gestalt des Tempels. Der Raum ist nach dem Grundriss des Tempels Salomons aufgebaut. Er darf nur einen einzigen Eingang besitzen; andere Öffnungen wie Fenster oder Türen dürfen nicht sichtbar sein. Der Grundriss hat die Form eines Rechteckes. Seine Seiten entsprechen den vier Himmelsrichtungen: die Eingangsseite (die stets eine der kurzen Seiten ist) dem Westen, die linke Langseite dem Norden, die rechte dem Süden, und die dem Eingang gegenüber liegende Seite dem Osten. (Dies entspricht – nebenbei bemerkt – dem Plan der meisten mittelalterlichen Kirchen.)

Gleich hinter dem Eingang befinden sich zwei Säulen: links die mit dem Buchstaben »B« gekennzeichnete »Säule des Nordens«, rechts die »Säule des Südens«, mit »J« gekennzeichnet.

Neben der Säule »B« sitzt der Erste Aufseher, der die Südseite bewacht, neben der Säule »J« der Zweite Aufseher, der den Norden bewacht.

An den Längsseiten stehen Bänke oder Stuhlreihen: auf der linken Seite für die Lehrlinge (und evtl. Meister und einige Beamte, die hier ihren festen Platz haben), auf der rechten für die Gesellen und Meister und andere Beamte.

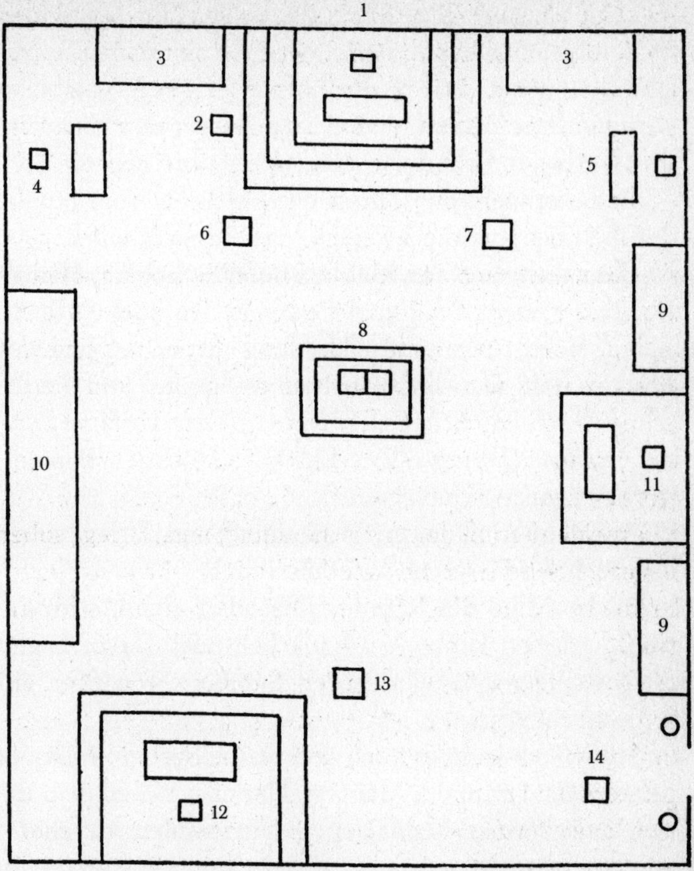

Abb. 2: Plan der Loge und Plätze der Brüder in den angelsächsischen Ländern:

1. Meister vom Stuhl, 2. Vorheriger Meister, 3. Bedeutende Mitglieder, 4. Schatzmeister, 5. Sekretär, 6. Erster Diakon, 7. Kaplan, 8. Altar des Gelöbnisses, 9. Gesellen, 10. Lehrlinge, 11. Zweiter Aufseher, 12. Zweiter Diakon, 13. Wachhabender

Dem Eingang gegenüber steht der Altar. Zu seinen beiden Seiten haben der »Redner«, der mit seinen Beiträgen dafür sorgt, dass in der Loge geistig rege gearbeitet wird, und der Zeremonienmeister, der für den korrekten und würdigen Ablauf der Arbeit sorgt, ihre Plätze.

Dahinter steht der Thron des »Meisters vom Stuhl«, der die Loge und die jeweilige Versammlung leitet.

Über dem Kopf des Meisters befindet sich das Heilige Dreieck, in dem der Name Gottes in hebräischen Buchstaben steht, sowie eine Abbildung der Sonne und des Mondes (und manchmal auch eines Sternes) und die Inschrift: A.U.T.O.S.A.G. (***A****d* ***U****niversi* ***T****errarum* ***O****rbis* ***S****ummi* ***A****rchitecti* ***G****loriam* – Zur Ehre des Höchsten Baumeisters des ganzen Universums).

Auf dem Altar liegen Winkelmaß und Zirkel, sowie das Buch des Gesetzes, meist die Bibel.

In der Mitte des Raumes steht über einem schwarzweiß karierten Fußboden die Arbeitstafel. Davor liegen die jeweiligen gradspezifischen Symbole, wie etwa ein unbehauener Stein.

Schließlich kann es noch drei Statuen geben: Minerva neben dem Thron des Meisters, Herkules neben dem Ersten Aufseher und Venus neben dem Zweiten Aufseher.

Jedes Detail des freimaurerischen Tempels besitzt einen Symbolgehalt, mit dem wir uns später befassen werden.

Obwohl der freimaurerische Tempel und die Anwesenheit der Bibel den Eindruck erwecken können, es handle sich um einen religiösen Raum, so darf doch nicht vergessen werden, dass die Freimaurerei keine Religion

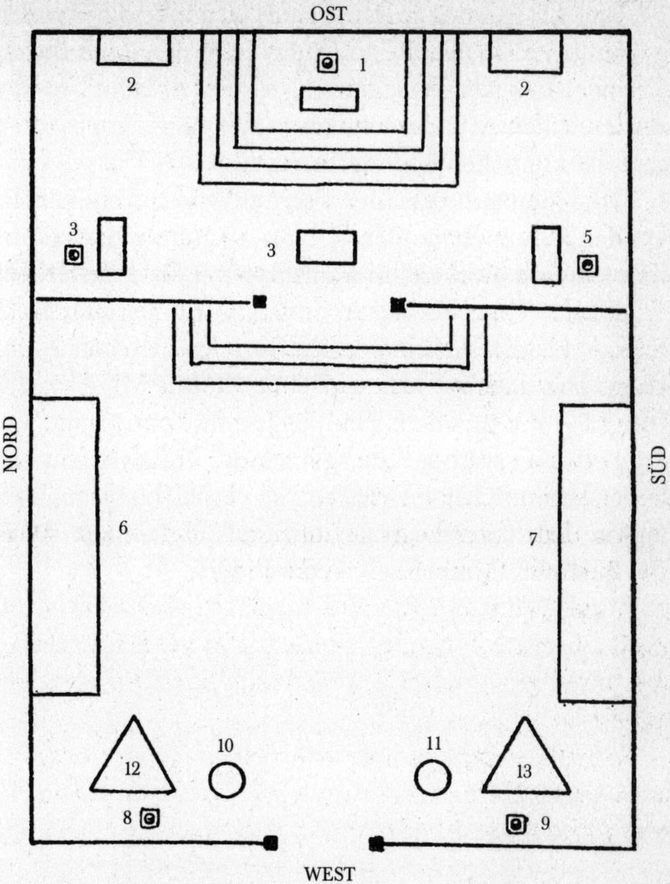

Abb. 3: Plan und Einrichtung eines Tempels:

1. Meister vom Stuhl, 2. Wichtige Besucher, 3. Altar des Gelöbnisses, 4. Redner, 5. Sekretär, 6. Lehrlinge, 7. Gesellen und Meister, 8. Erster Aufseher, 9. Zweiter Aufseher, 10. Säule B, 11. Säule J, 12. Altar des Ersten Aufsehers, 13. Altar des Zweiten Aufsehers

ist. Wie wir gesehen haben, gehört ja gerade die Toleranz gegenüber allen Glaubensrichtungen zu den wesentlichen Kennzeichen der Freimaurer; so steht es schon in den »Alten Pflichten«, die von einer Religion sprechen, »in der alle Menschen übereinstimmen«.

Die Freimaurerei ist der »Vernunft« verpflichtet, nicht verstanden im Sinne der »Göttin Vernunft« der Jakobiner, sondern als die dem Menschen gegebene natürliche Fähigkeit, »Gott« überall zu finden, nicht nur auf den Altären, und die Wahrheit ohne Vorurteile überall zu suchen. Das Symbol hierfür ist die Göttin Minerva, die Jungfrau, die aus dem Haupte Jupiters entspringt. Die Freimaurerei setzt der Suche nach der Wahrheit mit Hilfe der Vernunft keine Grenzen. Sie verpflichtet jedoch dazu, die Erkenntnisse in gemeinsamer Arbeit zum Wohl der gesamten Menschheit anzuwenden.

Die Bedeutung der Symbole

Die Arbeitstafel

In der Mitte des Tempels steht, wie wir gesehen haben, die Arbeitstafel. Diese hat sich aus einer einfachen Zeichnung entwickelt, die die ersten Logen mit Kreide auf den Boden etwa einer Wirtsstube zeichneten und so aus ihr einen Tempel machten. Eine solche Absteckung eines heiligen Raumes für Kulthandlungen findet sich bei vielen anderen Gemeinschaften, etwa bei den Hopi-Indianern und den australischen Aborigines. Es sollten damit Unbefugte fern gehalten werden.

Dieses System hatte den Vorteil, dass es nicht nur leicht anzuwenden, sondern auch ebenso leicht wieder zu entfernen war, etwa zum Zweck der Geheimhaltung oder im Falle von Verfolgung. Tatsächlich gehörten zum Inventar einer Loge Schrubber und Eimer …

Später benutzte man teilweise eine Wachstafel, auf die die Symbole aufgezeichnet wurden. Daraus entwickelten sich mehr oder weniger künstlerisch gestaltete Teppiche (Tapis), die man zusammenrollen konnte.

Bei der Logenarbeit wird jene Tafel ausgestellt, die dem Grad entspricht, in dem die Loge arbeitet. Es gibt infolgedessen drei verschiedene Arbeitstafeln:

- die Arbeitstafel des Lehrlingsgrades
- die Arbeitstafel des Gesellengrades
- die Arbeitstafel des Meistergrades

Wir wollen hier nur die Tafel des Lehrlingsgrades ausführlicher darstellen, da die beiden anderen sich nur in wenigen Details von ihr unterscheiden.

Die Symbole im Einzelnen

Wenn wir nun versuchen, die Symbole der Arbeitstafel zu erklären, möge der Leser sich stets vor Augen halten, dass die Freimaurerei »keinen vorgefassten Erklärungskanon« kennt. »Jeder Bruder erarbeitet sich im Tempel seine individuellen Symbolerklärungen.«[19]

Die drei Stufen: Ihre Bedeutung kann man darin sehen, dass der Lehrling auf drei Ebenen an sich arbeiten muss: der physischen, der emotionalen und der geistigen. Er wird dies mit Hilfe seines Willens und der ihm durch die Initiation gegebenen Kraft erreichen.

Der schwarz-weiß karierte Fußboden: Dieser auch »ägyptischer« oder »musivischer« genannte Fußboden trägt in seinem Muster den Gegensatz zwischen schwarz und weiß, zwischen Nacht und Tag, zwischen

19 Roland Hoede, *Werkstätten der Humanität*, Frankfurt 1992; hier zitiert nach der Internetseite »Der Tempel« der GL A. F. u. A. M. v. D.

Abb. 4: Die Arbeitstafel der Loge im Lehrlingsgrad

Irrtum und Wahrheit, zwischen Laster und Tugend, also das Gesetz der Gegensätzlichkeit alles Seienden und ihrer möglichen Versöhnung in der Harmonie.

Die Säulen: Sie erinnern an den Tempel Salomons. Die eine mit dem Buchstaben »B« bedeutet hebräisch »bohaz« oder »Stärke, Ausdauer«; jene mit dem Buchstaben »J« »jakin« oder »Beständigkeit«. Die Säule »B«, in dorischem Stil, ist stark, nüchtern und streng und steht für die männliche Einweihung, durch die die Individualität entwickelt und die Vernunft gestärkt wird. Die Säule »J« dagegen, in ionischem Stil, schlank und anmutig, steht für die weibliche Einweihung, die auf die Entwicklung von Gefühl, Vorstellungskraft und Intuition gerichtet ist.

Die Tür: Der einzige Eingang zum Tempel ist wie der Eingang zu einer Höhle, in der in früheren Kulturen die Vorbereitung für die Initiation erfolgte.

Da die Tür im Westen liegt, führt der Weg nach Osten, also zur aufgehenden Sonne, zum Licht der Erkenntnis. Diese Ausrichtung hat der freimaurerische Tempel mit den Heiligtümern vieler Kulturen gemeinsam.

Die Himmelskörper: Die Sonne ist das Symbol des Ursprungs, das aktive Prinzip der Vernunft, das männliche Prinzip, das die Arbeit des Lehrlings bestimmt. (Das Deutsche ist eine der wenigen Sprachen, in der das grammatikalische Geschlecht dieses Gestirnes weiblich ist.)

Der Mond dagegen, das Gestirn der Nacht, wandelbar in seiner Gestalt, versinnbildlicht das weibliche Prinzip, die Passivität, die nicht als Schwäche missverstanden werden darf, sondern Empfänglichkeit bedeutet, das mütterliche Verstehen, das die Arbeit der Brüder bestimmen soll.

Die Steine: Auf der Tafel sind ein unbehauener und ein kubischer Stein dargestellt. Der unbehauene, noch unbrauchbare Stein steht für den Lehrling, den Freimaurer, der noch an sich arbeiten muss, bis er zu dem behauenen, ebenmäßigen, für den Bau des Tempels brauchbaren Stein geworden ist. Die beiden Steine sind also Symbole für den Weg der Vervollkommnung, den der Freimaurer zu gehen sich anschickt.

Auch die Symbolik des Steines ist universal. Denken wir nur an den Satz aus dem Neuen Testament: »Du bist Petrus, der Fels ...«

Die verschiedenen Geräte des Maurers:

- *Die Winkelwaage* ist das Zeichen des Ersten Aufsehers und steht für die soziale Gleichheit, doch nicht im Sinne des Gleichmachens. Da von ihrer Spitze eine senkrechte Schnur auf eine Messlatte reicht, enthält sie auch das vertikale Element. Sie erinnert an die Tiefe der Selbsterkenntnis, führt aber auf die Erde zurück, auf der sich das tägliche Leben abspielt. – »Schau um dich.«
- *Das Senkblei* ist das Zeichen des Zweiten Aufsehers und steht für das Ausloten der inneren Tiefe, das »Schau in dich«. Es versinnbildlicht, da es an einem Bogen aufgehängt ist, die Milde, mit der der Zweite Aufseher dem Lehrling hilft und mögliche Fehler korrigiert.
- *Der Rechte Winkel*, Zeichen des Meisters vom Stuhl, ist das Symbol für das Feste, den rechten Weg, die

Abb. 5: Die Arbeitstafel der Loge im Gesellengrad

Gerechtigkeit. Der Vorsitzende wird die Loge und die Brüder auf dem rechten Weg leiten.

- *Der Zirkel* dagegen steht für das Bewegliche, für den Abstand (zwischen Ich und Du); mit ihm wird der Kreis gezeichnet – der Kreis der ewigen Wiederkehr.

- *Winkelmaß und Zirkel* zeigen durch ihre Anordnung auf dem Altar an, in welchem Grade gearbeitet wird.
- *Der Winkel* ist das Symbol für die Materie, *der Kompass* für den Geist. In allen Graden hat die Arbeit den Übergang vom einen zum andern zum Ziel.
- *Hammer und Meißel* sind die Werkzeuge, mit denen der Stein (des Bewusstseins) bearbeitet wird. Der Hammer ist das aktive, der Meißel das passive Prinzip. Außerdem ist der Hammer das Zeichen der Macht, die dem Meister und den beiden Aufsehern anvertraut ist.

Die Initiation

Wer Mozarts »Zauberflöte« kennt, erinnert sich an die beiden großen Prüfungen: die Feuer- und die Wasserprüfung. Dies sind – wie vieles andere in der Oper – Elemente, die aus der Freimaurerei stammen.

Die Reinigung im Element Wasser

Während der Lehrlingsreisen wird dem Adepten gesagt, er müsse jetzt eine symbolische Reise im Element Wasser durchführen. Er hört ein starkes Rauschen, er nimmt wahr, dass es sich nur um eine Aufzeichnung handeln kann, aber es ist ihm nicht klar, was mit »symbolisch« gemeint ist. Er beschließt, den Gedanken an einen unvermuteten Sprung von sich zu weisen und lässt sich durch den Raum führen. Er trifft auf viele Hindernisse und Schwierigkeiten, er hört ungewohnte metallische Geräusche, aber keine Stimmen; die Atmosphäre ist unwirklich und beunruhigend. Er denkt, dass es schwierig wäre zu beschreiben, was er in diesem Augenblick fühlt. Die unerwarteten und unvorhergesehenen Veränderungen, denen sein Bewusstsein andauernd ausgesetzt ist, bringen ihn dazu zu vermuten, dass er nicht ständig bei sich selbst ist.

Ein unerwarteter physischer Kontakt ruft ihn in die Wirklichkeit zurück: jemand setzt ihm wie ein Wachtposten etwas auf die Brust und ruft: »Wer ist da?« Es folgt ein kurzes Zwiegespräch zwischen dem Wächter und dem Begleiter, der sich noch einmal dafür verbürgt, dass er einen »freien und untadeligen Mann« führe.

Der Profane ist zur Prüfung des Wassers zugelassen, dessen Frische er zwischen seinen Händen fühlt. Nach einem endlos scheinenden Moment des Schweigens hört er eine bedeutungsvolle Stimme erklären, dass diese symbolische Reise dem Lauf der menschlichen Existenz vergleichbar ist, während dessen man alle möglichen Hindernisse und Schwierigkeiten antrifft und dass man sie nur bewältigen kann, wenn man sittliche Kraft besitzt und auf die Hilfe von Seinesgleichen zählen kann.

Dann befiehlt diese Stimme eine weitere Reise … und unser etwas verwirrter Profaner hört, dass sein Begleiter »Erfahrener Meister« genannt und dass ihm nahe gelegt wird, den Adepten mit Sorgfalt zu führen, um ihn wohlbehalten zurückzubringen.

Die Reinigung im Element Luft

Es beginnt die nächste Reise, die die »dritte« genannt wird, obwohl dem Profanen scheint, es sei erst die zweite.

Dieses Mal ist das Element die Luft, und die Reise ist weniger verwickelt, es gibt weniger Hindernisse und Geräusche. Er meint das Flüstern des Windes zu hören und eine Musik, die ihm nicht neu ist, vielleicht Mozart, es könnte aus der »Zauberflöte« sein ... und da erinnert er sich, dass es in ihr eine ergreifende Szene gibt, von der ihm jemand gesagt hatte, es sei eine freimaurerische Zeremonie ...

Jetzt führt ihn sein Begleiter zu einer anderen Person, die ihm mit den Worten Halt gebietet: »Wer ist da?« Es ist nicht dieselbe Stimme wie vorher. Es folgt ein Dialog ähnlich dem, den er vor der ersten Reise gehört hat und die Versicherung des Begleiters, dass es sich bei dem Suchenden um einen »freien und untadeligen Mann« handele.

Es folgt die Zulassung zur Reinigung durch die Luft. Er spürt einen Lufthauch in seinem Gesicht und hört die schon bekannte Stimme des »Erfahrenen Meisters«, der deutlich ausspricht: »Die Reise ist vollbracht«. Die Stimme stellt, diesmal mit einem etwas weicheren Ton, fest, dass diese Reise leichter gewesen sei. Das soll ihm zu verstehen geben, dass die Hindernisse meist geringer werden und weniger Widerstand leisten, wenn man entschieden und ausdauernd ist.

Die Reinigung im Element Feuer

Es ist der Augenblick einer weiteren, der vierten Reise, gekommen, die mit dem Element Feuer zu tun hat. Es scheint, als seien die Hindernisse verschwunden. Die Reise vollzieht sich gelöst und sicher und führt zu einem Geräusch, das an das Knistern des Feuers erinnert.

»Wer kommt?«, fragt eine Stimme, die der Profane als jene erkennt, die Befehle und Erklärungen gab. Diesmal verlangt sie noch verbindlichere Garantien vom Begleiter, und dieser fragt zum ersten Mal, ob der Profane eingeweiht werden könne. Es folgt ein Schweigen, das nicht zu enden scheint. Doch schließlich wird die Erlaubnis gegeben, mit der Einweihung fortzufahren.

Das Gelöbnis und das Licht

Nun bemerkt der Profane, dass sein Bewusstsein nicht mehr dasselbe wie vorher ist und dass die Wärme, die er auf seinen Händen und im Gesicht fühlt, keinen Schmerz hervorruft, dass es keine Furcht mehr gibt, sondern nur noch tiefe Ruhe. Und er hört die bekannte Stimme erklären, dass nur der ein heiteres und ruhiges Leben haben wird, der die Wahrheit liebt und Gerechtigkeit übt. Dann spricht sie vom alten Ritus des bitteren und des reinen Wassers, von Lethe und Mnemosyne, vom Vergessen und Wiedererwachen.

Nach dieser esoterischen Erklärung wird der Profane feierlich gefragt, ob er ein Gelöbnis ablegen möchte, und aufgefordert, sich die Formel anzuhören. Noch immer mit verbundenen Augen vernimmt er die klar ausgesprochenen Worte des Gelöbnisses. Nach einem Moment des Zögerns versteht er, dass die einzelnen Punkte klar und gerecht sind: das Geheime nicht verraten, der Satzung treu sein, den Oberen gehorchen, bei Bedarf den Brüdern helfen, sie alle mitsamt ihren Familien achten, auch wenn sie sich in Charakter, Rasse, Religion, Weltanschauung unterscheiden ... Der Profane fühlt sich glücklich, dieses Gelöbnis geben zu können, das für ihn Ausdruck einer moralischen Verpflichtung darstellt. Man nimmt ihm die Augenbinde ab; er unterschreibt nach den Anweisungen des »Erfahrenen Meisters«, der immer noch eine Kapuze trägt. Danach fragt die tiefe Stimme, was der Erste Aufseher für ihn wünscht, und dieser antwortet: Das Licht. Und es wird Licht, während alle Anwesenden die Kapuzen abnehmen; der Tempel wird sichtbar und die Gesichter aller, die zu ihm gehören.

Dies sind besondere, bewegende Augenblicke, die von Feierlichkeit gekennzeichnet sind: feierlich ist die Musik, feierlich ist die Unbeweglichkeit der Anwesenden, feierlich ist der Meister vom Stuhl, der ein besonderes Schwert zückt und sich damit dem Neophyten nähert, feierlich und ergreifend ist der Augenblick, in dem das Schwert, nach den Regeln der alten Ritter, das Haupt und die beiden Schultern berührt und dabei ein Dreieck zeichnet, während der Meister die überlieferte Formel spricht und den Neophyten damit zum Freimaurer-Lehrling weiht.

Der Profane ist Lehrling geworden ...

... und stellt fest, dass in ihn ein neuer Samen gelegt wurde und dass das Aufgehen der neuen Pflanze seiner Ar-

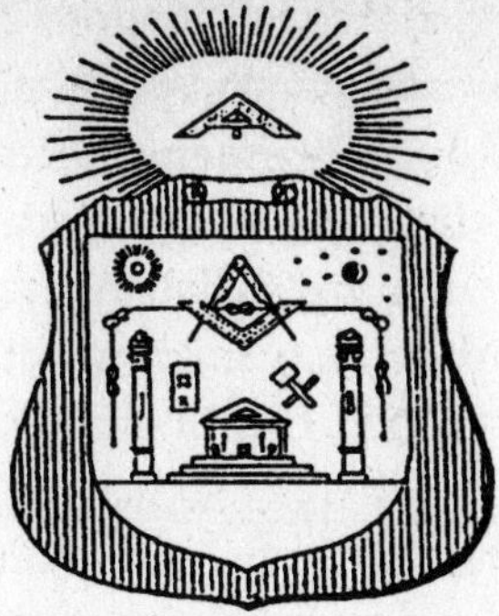

Abb. 6: Wappen der Blauen Freimaurerei: Lehrlingsgrad

beit und der brüderlichen Hilfe derer anvertraut ist, mit denen er seinen Weg teilt.

Der Begleiter führt ihn hinaus, hilft ihm, sich wieder anzukleiden, gibt ihm die metallenen Gegenstände zurück, überreicht ihm die Insignien seines Grades – Schürze und Handschuhe –, begleitet ihn beim Eintritt in den Tempel, wo er den Platz einnimmt, der ihm zugewiesen ist.

Er übergibt ihn jenem, der sein Führer sein und seine Arbeit und seine Fortschritte mit Rat und Tat begleiten wird. Mit dessen Hilfe wird er auch verstehen, dass die Zahl der Reisen, die nicht mit seiner eigenen Zählung übereinstimmte, tatsächlich vier war, da die erste Reise, nämlich die im Element Erde, jene in der »Kammer des stillen Nachdenkens« war. Er wird immer besser begreifen, dass der Sinn aller Prüfungen in einem einzigen Satz zusammengefasst werden kann: »Erkenne dich selbst.« Dies wird das eigentliche Ziel der Arbeit sein.

Er denkt über das Wort »Initiation« nach, und es wird ihm klar, dass Initiation auch bedeutet, heilige Geheimnisse zu kennen und an ihnen teilzuhaben, dass man durch sie einen Schatz von Kenntnissen erhält; dass eine Fackel gegeben wird, die Licht in das Dunkel der Erkenntnis bringt; dass man mit ihr willentlich die Ausführung jenes göttlichen Planes beginnt, für den wir auf dieser Erde sind.

Der Lehrling hat eine tiefe Erkenntnis dessen, wie nützlich das Gelöbnis ist und dass es richtig und ehrenhaft ist, ihm zu entsprechen. Wenn er darüber nachdenkt und auf das innere Echo hört, wird er sich bewusst, dass er im Psychodrama der Initiation einen Ritus durchlebt hat, der von weither kommt, der Raum und Zeit übersteigt, der ihn mit all den anderen verbindet, die früher waren und noch kommen werden, um gemeinsam mit dem neu Aufgenommenen in vollem Bewusstsein ein großes Werk zu vollbringen. Er erinnert sich an die Worte eines alten Meisters, die ihn beeindruckt haben und etwa so lauteten: »Trotz aller Bitternis und Enttäuschungen bin ich fest davon überzeugt, dass alles gerecht und vollkommen wird. Ich bin sicher, dass mein Glaube nicht blind ist, sondern vernünftig. Ich bin sicher, dass das Wahre ganz bestimmt sich von selbst seinen Weg bahnen wird. Ich bin optimistisch, da auch wir an dem großen Werk mitwirken. Die Intitiation hat uns die Türen geöffnet, der Ritus bestimmt unsere Arbeit, damit jeder von uns mit der Zeit und mit Hilfe seines Willens sein Gold finde.«

Der neue Lehrling beginnt, nachdem der Same in sein Bewusstsein gelegt wurde, in der Hoffnung auf das philosophische Gold die für ihn neuen Pläne des Landes zu studieren, das er kennen lernen möchte, und mit ihm alle, die sich fragen, wie und warum man Freimaurer wird.

Gerade jetzt fühlt er das Bedürfnis, sich über seine Lage klar zu werden, und er stellt sich erneut die drei fundamentalen Fragen, die ihn dahin geführt haben, wo er sich jetzt befindet: Wer bin ich? Woher komme ich? Wohin gehe ich? Doch nun sind diese Fragen für ihn keine unbestimmten Sehnsüchte mehr, keine dunklen Anstöße, irgendetwas zu suchen; vielmehr kann er sich die Antworten bewusster geben.

Wer bin ich?

Hier und jetzt, in diesem Augenblick bin ich ein Freimaurer-Lehrling, in eine rechtmäßige und vollkommene Loge aufgenommen, in der ich meine Formung erhalte.

Woher komme ich?

Ich komme aus jener initiatischen Tradition, deren Legenden, Mythen, Mysterien und Geheimnisse ich erforscht und in den Zünften, den Alchimisten, den großen Eingeweihten, den Templern, den Rosenkreuzern gesucht habe; aus jener Tradition, die ich in der modernen Freimaurerei, ihren Ordnungen und Riten gefunden habe, die sich bis in unsere Tage erhalten haben.

Wohin gehe ich?

Ich schreite voran auf dem Weg, den ich als Profaner begonnen habe, als ich an die Tür des Tempels klopfte, auf dem ich zugelassen und eingeweiht wurde, einem Weg, der 33 Stufen umfasst. Das Studium dieses Entwurfes, der mir aufzeigt, wohin ich gehe, werde ich nur durch die Arbeit und das Zeugnis jener beschließen können, die mir vorausgegangen sind und die mich im Rahmen des Möglichen unterrichten und mir dennoch die Freude lassen werden, im jeweiligen Augenblick meine eigenen Erfahrungen zu machen.

Die Einweihung in die nächsten Grade

Begleiten wir nun unsere Person – Mann oder Frau, denn wir gehen von einer Loge aus, in der beide gleichberechtigt sind –, die begierig ist, einen Blick voraus zu werfen und zu sehen, was nach der Einweihung zum Lehrling kommt.

Der Beginn des Weges des Freimaurers ist, wie wir schon feststellten, die »Blaue Freimaurerei«; sie ist allen Riten gemeinsam und umfasst die drei ersten Grade: Lehrling, Geselle und Meister. Da wir über die Einweihung zum ersten Grade schon gesprochen haben, werden wir nun von den beiden anderen Graden sprechen. Es sei noch einmal daran erinnert, dass die Einweihungszeremonien nicht die Kraft haben, aus einem Menschen einen Freimaurer zu machen, wenn sein Bewusstsein noch nicht bereit ist. Daher kann ein Lehrling alle Zeremonien bis zum höchsten Grade studieren, ohne damit irgendein Geheimnis zu entweihen; das Geheimnis erschließt sich nur dem, der es leben und begreifen kann. Darin liegen der große Reichtum und gleichzeitig die große Bescheidenheit des Lehrlings, denn sein Grad ist die Grundlage der gesamten Freimaurerei, und jeder Grad muss stets zur besonderen anfänglichen Esoterik des Lehrlings zurückkehren; wer zur Meisterschaft gelangen will, muss immer das Noviziat durchschreiten. Anders gesagt: jeder Freimaurer muss in sich den Geist des Lehrlings erhalten; dies ist die richtige Orientierung, um die folgenden Einweihungen zu verstehen.

»Einweihen« heißt, wie wir gesehen haben, jemanden auf einen Weg stellen; der Eingeweihte kann ihn dann ganz durchlaufen – aber er kann auch stranden, aus freier Wahl oder auf Grund von Schwierigkeiten. Man kann die Einweihung auch mit einem Samen vergleichen, der in die Erde gelegt wird: er kann sich entwickeln, bis er ein Baum wird, aber er kann auch unentwickelt bleiben und absterben.

Einweihung zum Grade des Gesellen

Nachdem die nötige Zeit verstrichen ist und der Lehrling alles vollbracht hat, was von ihm verlangt wurde, befindet er sich noch einmal vor der verschlossenen Tür des Tempels. Wieder begleitet ihn der Erfahrene Meister, der ihn dieses Mal angemessen eintreten lässt, mit den Zeichen und Geräten seines Grades. Nun weiß der Lehrling, dass ihn hinter der Tür die Logenbrüder erwarten, aber er ahnt auch, dass er etwas Konkretes wird tun müssen, sobald er eintritt, etwas, das sich unmittelbar auf sein Bewusstsein auswirken und einen wirklichen Wandlungsprozess einleiten wird.

Nun also klopft er erneut an die Tür, auf die einzige Weise, die er kennt. Der Meister vom Stuhl empfängt ihn brüderlich, doch sofort beginnt er, ihn daran zu erinnern, dass er bereits eine erste Einweihung erhalten hat, an die Reinigung durch Erde, Wasser, Luft und Feuer, an die symbolischen Flüssigkeiten, die er getrunken, und an das Gelöbnis, das er geleistet hat. Hierauf folgen einige Fragen bezüglich des Lernens und der Erfahrung, und die Antworten hierauf werden sorgfältig geprüft. Der Lehrling wird dem Erfahrenen Meister anvertraut, und diesmal muss er fünf symbolische Reisen unternehmen, die ihm Gelegenheit geben, mehr über die Zahl Fünf, die Zahl des Gesellen, zu erkennen.

Der Einzuweihende durchläuft nun unter dem wachsamen Blick der Brüder den Tempel von West nach Ost und von Süd nach Nord, wie wenn er die Welt durchwandern würde. Jede Reise entspricht einer Begegnung, die er erfahren und nach eingehender Meditation begreifen muss.

Die erste Reise

Hier begegnet der Lehrling den fünf Sinnen (Sehen, Hören, Riechen, Schmecken, Fühlen), die ihm erlaubt haben, die Welt kennen zu lernen, um sich bestmöglich an sie anzupassen. Die Sinne sind die Grundlage der Wahrnehmung, sie erlauben uns zu beobachten und zu erfahren, sie helfen uns, die Naturgesetze zu entdecken, dank deren wir mit der Natur und unserer Umgebung in Wechselwirkung treten können. Wenn die Sinne geformt, ausgeglichen und vervollkommnet sind, tragen sie zum geistigen Aufstieg bei. Man muss jedoch daran denken, dass sie nicht alles sind: es gibt andere Sinne, andere Wahrnehmungen, die auf einer höheren Ebene liegen, ohne übermenschlich zu sein. Außerdem sind die physischen Sinne nicht unfehlbar; sie können uns täuschen, da die einfachen Wahrnehmungen sich mit den inneren und äußeren Umständen ändern. Man darf sich also keinen Illusionen hingeben, wenn man nicht enttäuscht werden will von diesen wertvollen Instrumenten der Erkenntnis, die nicht selbst die Erkenntnis sind. Das trügerische Wesen der Sinne kann Gegenstand der Meditation sein.

Die zweite Reise

Es ist dies die Begegnung mit den Künsten (Architektur, Bildhauerei, Malerei, Musik, Dichtung). Hier kann man entdecken, wie sie dem Menschen erlauben, sein Fühlen und seine Ideale zu entwickeln, und zu seiner Erhebung beitragen, indem sie ihn die edelsten Gefühle erleben lassen. Die Künste vermitteln den Sinnen die Intelligenz, die Schönheit, die Harmonie, die Ordnung und die Regeln. Jede der fünf Künste kann Gegenstand einer tiefen Meditation sein, indem man sie auf die folgende Weise betrachtet:

Architektur: Sie ist die Synthese der Formen in ihrer Schönheit.

Bildhauerei: Sie ist die Erschaffung besonderer Formen.

Malerei: Sie ist der magische Ausdruck durch die Kombination der Farben.

Musik: Sie ist die harmonische Auflösung der Klänge.

Dichtung: Sie ist die schöpferische Offenbarung des Wortes.

Die dritte Reise

Sie führt zur Begegnung mit den Natur- und Humanwissenschaften (Mathematik, Geometrie, Biologie, Philosophie, Soziologie). Die Mathematik hilft dem Denken, Kohärenz und Genauigkeit zu lernen; die Biologie gewöhnt uns daran, mit der nötigen Objektivität zu beobachten und zu werten; die Humanwissenschaften tragen zu einer besseren Kenntnis des inneren Wesens des Menschen, seiner Organisation und seiner Entwicklung bei.

Sie können Gegenstand der Meditation sein, wenn man sie in der folgenden Weise betrachtet:

Mathematik: Sie ist die Vernunft, die sich in der Zahl offenbart.

Geometrie: Sie ist das Symbol der Idee, die sich in der Form offenbart.

Biologie: Sie ist die Entwicklungsgeschichte des Individuums.

Philosophie: Sie ist die Suche nach der Konzeption des Menschen.

Soziologie: Sie ist die Entwicklung des Individuums in der Gesellschaft.

Abb. 7: Wappen der Blauen Freimaurerei: Gesellengrad

Die vierte Reise

Diese Reise ist eine Begegnung mit den Wohltätern der Menschheit (Gelehrte, Künstler, Wissenschaftler, Erfinder, Gesetzgeber).

Unter Wohltätern verstehen wir jene Persönlichkeiten, die ihre Gaben eingesetzt haben, um dazu beizutragen, dass die Menschen glücklicher leben können, die Geißeln der Menschheit bekämpft werden, das Leben verlängert wird und jeder Mensch dahin kommt, die Schönheit zu erkennen. Wohltäter der Menschheit sind jene, die die Tugend praktizieren, ihre Liebe dem Nächsten ohne Eigensucht zuwenden, sich der Erhebung eines jeden Menschen und der Verbesserung seines Lebens widmen.

Die fünf Typen von Wohltätern und ihre Werke können in diesem Sinne Gegenstand der Meditation werden:

Die Gelehrten: Sie sind jene, die den Menschen zum Licht führen.

Die Künstler: Sie sind die Priester der Schönheit in der Welt der Emotionen.

Die Wissenschaftler: Sie sind die, die den Geist aufscheinen lassen.

Die Erfinder: Sie sind die Meister der Evolution der physischen Wirklichkeit.

Die Gesetzgeber: Sie sind die ausgeglichenen Wächter der Ordnung und der Macht.

In der Meditation können Leben und Werk eines oder mehrerer dieser Wohltäter der Menschheit zum Idealbild werden, von dem man sich inspirieren lassen kann.

Die fünfte Reise

Bei dieser fünften Reise geht es um ein einziges Ziel: den Entwurf des Lebens. Stellen wir uns einen Bogen vor, der auf zwei Säulen ruht: die eine Säule ist die des »Was«, die andere die des »Warum«; sie entsprechen den Begriffen von Arbeit und Dienst. Die Arbeit ist eine Notwendigkeit, um zu überleben, aber man kann sie auch benutzen, um sich selbst zu disziplinieren, zu verbessern, zu erheben; der Dienst ist die Verpflichtung, seine Arbeit zum Wohl der Menschheit einzusetzen. Die Meditation hierüber könnte von dem Satz geleitet werden: »Der Dienst ist die Verherrlichung der Arbeit.«

Nachdem der Kandidat die fünf Reisen ausgeführt, erlebt und erfahren hat, erhält er noch weitere Anweisungen, was er zu tun hat. Danach leistet er das Gelöbnis.

Zum Schluss wird er in der üblichen feierlichen Form als Freier Maurer-Geselle aufgenommen und eingesetzt; er erhält seine neue Schürze und setzt sich nach Anweisung des Aufsehers auf seinen neuen Platz. Dann beginnt er seine neue Arbeit auf allen Gebieten. Im allgemeinen bleibt man Geselle für lange Zeit.

Einweihung zum Grade des Meisters

Dieses Mal sind es zwei Meister, die den Gesellen empfangen, der zum Meister aufsteigen soll. Schweigend begleiten sie ihn bis zur geschlossenen Tür des Tempels. Dort hindern sie ihn ganz überraschend daran, selbst anzuklopfen; sie tun es für ihn nach den Regeln seines Grades, das heißt des Gesellen. Auf die Frage des Wächters antwortet einer von ihnen: »Ein Geselle ist in der Nähe des Tempels überrascht worden.« Aus dem Innern hört man Stimmen, die von jemandem sprechen, der des Mordes schuldig sei. Nach einer langen Wartezeit in Schweigen wird endlich die Genehmigung erteilt. Der Kandidat kann eintreten, aber nur rückwärts, unter der drohenden Aufsicht seiner Begleiter.

In dieser ungewohnten Atmosphäre ernsten Schweigens vollzieht sich das Drama der Einweihung. Es ist wirklich sehr schwierig, alles zu begreifen. Die entscheidende Erfahrung geschieht im Bewusstsein und ist nicht mitteilbar.

Das Verhör

Der Kandidat hört die inquisitorische Stimme, die ihn davon informiert, dass der Meister schlechthin von der Hand dreier »böser Gesellen« gestorben sei. Die Stimme teilt ihm mit, dass man gegen ihn ermittele, da er einer der drei Schuldigen sein könnte. Man untersucht nun seine Kleidung und seine Hände. Es beginnt ein wahres Verhör, in dem die Antworten sorgfältig geprüft werden und in dem man Zusammenhänge und Entsprechungen sucht. Am Ende wird der verdächtige Geselle zur Tatwaffe geführt und es werden seine Reaktionen in jedem Detail beobachtet. Nachdem er alle Prüfungen überstanden hat, hört der Beschuldigte schließlich eine Art Ermittlungsergebnis.

Die Identifikation und das Gelöbnis

Der Geselle hört schweigend die dramatische Geschichte des Verbrechens, und er wird immer mehr von der Folge der bedrängenden Fakten betroffen. Wie in einem Psychodrama oder einer Darstellung der Passion Christi, in der der Zuschauer das Geschehen – die Gewalt der Kreuzigung und des Todes – an sich selbst erlebt, identifiziert der Geselle sich immer mehr mit dem verfolgten und ermordeten Meister und erfährt an seinem eigenen Körper und in seinem Bewusstsein dessen Angst. Er fühlt den Schmerz, die Trübsal, die Kälte und das Schweigen des Grabes … Doch da erreicht ihn die Erweckung zu neuem Leben: er hört wieder die Stimmen der Brüder, sieht den Tempel wieder, den er so gut kennt, er hört die Stimme des Meisters, der ihn den ewigen Mythos des ersten Meisters der Freimaurer, des biblischen Hiram, erleben ließ. Die Deutung und die Offenbarung des Geschehenen auf den verschiedenen erfahrbaren Ebenen sind seiner Intel-

Abb. 8: Wappen der Blauen Freimaurerei: Meistergrad

ligenz anvertraut. Eine gewissenhafte Meditation über die mythische Geschichte Hirams und über die eben erlebte »heilige Darstellung« kann ihn – nach der dafür nötigen Zeit – begreifen lassen, wie und warum der erste Meister in jedem Eingeweihten wieder auferstehen kann, der Freimaurer-Meister wird.

In der Folge hört der neue Meister die tiefgründige Rede dessen, der ihn auf das Gewicht der Verpflichtung aufmerksam macht, die er übernommen hat, und auf die Verantwortung, die ihm aus seiner eigenen Arbeit und aus der Arbeit der anderen entspringt, die von ihm abhängen. Hierauf leistet er das Gelöbnis und wird vom Meister vom Stuhl feierlich in seinen neuen Grad als Freier Maurer-Meister eingeführt. Mit der neuen Schürze erhält er das Band des Meisters. Dessen blaue Farbe kennzeichnet die ersten drei Grade, die bekanntlich die »blauen Grade« oder die »blaue Freimaurerei« heißen.

Geheimnis und Bewusstsein

Es mag nützlich sein, zum Schluss noch einmal auf einen sehr wichtigen Gedanken hinzuweisen: Das »Geheimnis« der Freimaurer liegt weder in den Zeremonien, noch in den ausgesprochenen Worten, sondern ausschließlich in dem, was im Bewusstsein des einzelnen geschieht, nachdem er seine ganz persönliche Erfahrung gelebt hat. Um dies zu verdeutlichen, können wir an die Partitur eines Musikstückes denken: Für den, der nichts von Musik versteht, sind es Blätter mit seltsamen Zeichen auf vielen Linien; wer sie jedoch zu lesen versteht, bezieht daraus Informationen, die in ihm Klangbilder erzeugen; wer ein Instrument spielt, kann diese Klänge schließlich hörbar machen und Harmonien erzeugen, die nie die gleichen sind und nie von allen gleich aufgenommen werden, auch wenn Partitur und Instrument dieselben sind.

Die schottischen Grade

Wie wir schon im ersten Teil gesehen haben, gibt es in allen Logen, die zum Alten und Angenommenen Schottischen Ritus gehören, 33 Grade. Neben den ausführlich besprochenen ersten drei, den »blauen Graden«, bleiben also dreißig weitere Grade zu untersuchen.

Diese werden in drei Gruppen eingeteilt:

- *Die Lehrlingsgrade* oder die Kapitel- oder »rote« Freimaurerei (4. bis 18. Grad).
- *Die Gesellengrade* oder die philosophische oder »schwarze« Freimaurerei (19. bis 30. Grad).
- *Die Meistergrade*, auch leitende und verwaltende oder »weiße« Freimaurerei genannt (31. bis 33. Grad).

Die symbolische Bedeutung der Farben

Die vier Farben, die die freimaurerische Vierheit (Tetrade) kennzeichnen und an die »tetraktys« des Pythagoras erinnern, also an »die Quelle all dessen, was das Sein erhalten hat«, haben eine klare symbolische Bedeutung:

Blau: das Wasser, der Äther, der Himmel; auf den Ebenen des Seins entspricht dem das Physische, das Astrale, das Göttliche;

Rot: das Feuer, die Seele, die Wiedergeburt; symbolische Darstellung: der Phoenix, der sich aus der Asche erhebt;

Schwarz: die Sammlung, das Studium, die tiefe Reflexion, das Leere; symbolische Darstellung: der Rabe;

Weiß: die Reinheit, die Vollkommenheit, die Synthese; symbolische Darstellung: die weiße Taube.

Die Freimaurerei hat den Sinn und den Gebrauch dieser Farben sorgfältig bewahrt und sie als Meilensteine am Weg aufgestellt, damit jeder Bruder sie zum Gegenstand tiefen Nachdenkens und kreativer Meditation mache.

Die weiteren Einweihungen

Im Laufe der dreißig genannten Grade gibt es sieben Einweihungen: zum 4., 9., 18., 30., 31., 32. und 33. Grad. Sie sind als Anerkennung und Beförderung zu verstehen, ohne dass es dafür besondere Zeremonien gäbe. Sie werden im entsprechend hergerichteten Tempel von der Gemeinschaft aller zum jeweiligen Grade gehörenden Brüder verliehen.

4. Grad: Geheimer Meister

Ein Bruder, der bereits Meister ist, präsentiert sich in der regulären Kleidung an der Tür des Tempels. Diesmal ist

Abb. 9: Wappen des 4. Grades: Geheimer Meister

es nicht der Erfahrene Meister, der ihm entgegentritt, sondern der Zeremonienmeister. Einiges aus den vorhergehenden Zeremonien wiederholt sich, wenn auch leicht abgewandelt. Der Zeremonienmeister nimmt ihm die Kleidungsstücke seines Grades ab, verbindet ihm die Augen, legt ihm einen Strick um den Hals und führt ihn so an die Tür des Tempels wie einen Lehrling. In dieser Wiederholung kommt zum Ausdruck, dass es beide Male um Ähnliches geht: während die erste Initiation in das Studium und die Kenntnis der niederen Mysterien einführte, führt diese zweite zu den höheren Mysterien.

Der Vorsitzende der Loge des Vierten Grades spricht mit dem Zeremonienmeister, um die nötigen Garantien zu erhalten, dass der Kandidat seine Pflichten erfüllt hat, den Regeln treu ist und das Verlangen hat, sich zu vervollkommnen. Der Vorsitzende und der Redner legen ihm die unverzichtbaren Eigenschaften dar, die der Geheime Meister besitzen muss.

Dies sind:

- Die Lösung von den menschlichen Leidenschaften,
- die Beharrlichkeit im Studium,
- und der Gehorsam in Verbindung mit der Gewissensfreiheit.

Es werden ihm die Pflichten des Grades und die Gefahren aufgezeigt, denen sich jemand aussetzt, der eine Pflicht übernimmt, ohne sie richtig verstanden zu haben, oder ein Amt, dem er nicht gewachsen sein könnte. Über allem weht der Geist der Verantwortung, der Pflicht und des Engagements im Studium der Freimaurerei, ihrer Geschichte, ihrer Symbole und ihrer Ethik. Nach diesen Vorträgen mit hermetischem Inhalt wird der Kandidat (in Italien) mit Lorbeer und Olivenzweigen bekränzt, Symbolen des Triumphes und der Versöhnung. Danach leistet er sein Gelöbnis, das bei dieser Gelegenheit von allen Anwesenden wiederholt wird, und erhält die Zeichen seines neuen Grades. Er ist gehalten, darüber zu meditieren, dass Ehre und Gerechtigkeit die Grundlagen des sozialen Lebens sind und dass nur die Freiheit das Menschengeschlecht retten könnte, wenn die sozialen Systeme zusammenbrechen sollten.

9. Grad: Auserwählter Meister der Neun

Der Grundgedanke für die Meditation dieses Grades ist: Gehorsam und Mut sind nötig für den Sieg der Wahrheit. Außerdem muss über zwei weitere Grundsätze meditiert werden: »Sei mutig gegen deine Schwächen« und »Sei mu-

Abb. 10: Wappen des 9. Grades: Auserwählter Meister der Neun

tig bei der Verteidigung der Wahrheit«, sowie über den Satz »Vincere aut mori« (Siegen oder sterben). Dieses Mal wird der Einzuweihende in eine lebhafte dramatische Zeremonie einbezogen. Er verkörpert dabei einen der Meister, die nach der Legende König Salomon ausschickte, um einem Fremden zu folgen, der das Versteck des Mörders von Hiram kannte. Als dieser Meister mit dem Haupt des Mörders zum Palast zurückkehrte, zeigte sich Salomon zunächst entrüstet, doch dann beschloss er, ihm zu vergeben.

Während der Zeremonie durchlebt der Kandidat symbolisch die ganze Legende. Er kehrt voller Freude mit dem Haupt des Mörders zurück, doch wird er für diese Tat getadelt, und man beklagt seinen Übereifer, der ihn das rechte Maß überschreiten ließ, und die Tatsache, dass er nicht seine Intelligenz und das Licht der Vernunft gebraucht habe. Nachdem der Kandidat die Erfahrung des Irrtums durchlebt hat, erfährt er nun auch den Adel der Vergebung.

Zum Schluss leistet er das Gelöbnis und erhält die Zeichen des neuen Grades.

18. Grad: Ritter Rosenkreuzer

Dieser Grad – der letzte der »Roten Freimaurerei« – ist ganz den Rosenkreuzern und der Verherrlichung der hohen menschlichen Ideale Jesu gewidmet. Die Freimaurer betrachten die Rosenkreuzer und Jesus als freie Denker: die Rosenkreuzer als jene, die die reine Naturwissenschaft verteidigten, und Jesus als jenen, der in unabhängiger Weise über die moralische Wahrheit nachdachte.

Der Grundgedanke der Meditation, der auch die Philosophie dieses Grades ausdrückt, heißt: »Die Menschheit befreien durch die Erkenntnis.«

Es wird deutlich, dass das Niveau des Studiums immer höher und komplexer wird, und es erscheinen die ersten Hinweise auf die gnostischen Vorstellungen. Es muss dennoch daran erinnert werden, dass die Freimaurerei keiner Religion oder Sekte und keinem philosophischen System angehört. Bei der Freimaurerei ist der Begriff »Gnostik« (vom griechischen »gnosis«, Erkenntnis) zu verstehen als »das Bekenntnis zum Erkennen«, und mit »Erkenntnis« ist gemeint: die Wege zum eigenen Inneren erkennen und begreifen.

Während der Einweihungszeremonie empfängt der Zeremonienmeister den Kandidaten an der Tür des Tempels, verhüllt ihm das Haupt mit einem schwarzen Schleier und führt ihn im Gewand des 17. Grades (Ritter des Ostens und des Westens) ein.

Nach der Vorstellung formuliert der Vorsitzende einige Pflichten, die der Kandidat annehmen muss, bevor fortgefahren werden kann.

Es handelt sich dabei um

- die Bewahrung des Geheimnisses,
- die Pflicht zu studieren,
- die Freiheit von Groll und Rachegelüsten,
- das Verbot, menschliches Blut zu vergießen,
- die Achtung vor der Ehre,
- den Willen, die Ketten der Sklaverei zu zerreißen.

Auch bei dieser Gelegenheit vollführt der Kandidat einige Reisen, bei denen ihm Begriffe wie Glaube, Hoffnung, Liebe, Toleranz bildhaft dargestellt werden. Während dieser Reisen hört man verschiedene Stimmen, die den Kandidaten ablenken und auf seinem Weg behindern könnten. Danach spricht er mit allen Rittern Rosenkreuzern das erforderliche Gelöbnis.

Wir möchten daran erinnern, dass in der Freimaurerei das Gelöbnis einen gegenseitigen Pakt der Treue und ein brüderliches Band bildet.

Abb. 11: Wappen des 18. Grades: Ritter Rosenkreuzer

Die Zeremonie wird beschlossen mit einigen weiteren Handlungen:

- Eine symbolische Reise durch die Welt als Pilger;
- das Feuer der Erkenntnis im Mittelpunkt einer symbolischen Darstellung des Kreuzes leuchten sehen;
- den Klang des »verlorenen Wortes« hören;
- das Brot brechen und aus demselben Kelch trinken mit allen Brüdern am Tisch des Letzten Abendmahles.

Dies sind dramatische und bewegende Erfahrungen, die einen gehobenen Bewusstseinszustand bewirken und nicht mitteilbar sind.

Nachdem der neue Ritter seine Grad-Abzeichen angelegt hat, verlässt er mit den anderen Rittern Rosenkreuzern den Tempel. Er wird in der Welt ein wahrer Rosenkreuzer, eine Ausströmung des Göttlichen sein.

30. Grad: Ritter Kadosh

Hier begegnen wir der Legende der Templer und ihrer Lehre. Der Grundgedanke der Meditation ist: »Die gnostischen Lehren verwirklichen.« Die Stufen des Aufstiegs zu diesem schwierigen philosophischen Grad, dem Gipfel der »schwarzen Freimaurerei«, ist das Studium der Gnostik, verstanden als die Lehre von den Natur- und Humanwissenschaften.

Wieder ist es der Zeremonienmeister, der den Kandidaten im 29. Grad (Ritter des heiligen Andreas von Schottland) an die Tür des Tempels führt und für ihn anklopft. Der Vorsitzende empfängt ihn und fordert ihn

Abb. 12: Wappen des 30. Grades: Ritter Kadosh

sogleich auf, sich formal zu verpflichten, die Geheimnisse der Einweihung und die Einzelheiten der Zeremonie niemandem zu enthüllen, vor allem nicht den Brüdern niederer Grade. Danach spricht er über die Geschichte des Templer-Ordens und über die Notwendigkeit, sich selbst zu verwandeln, indem man auf das bisher erworbene Wissen verzichtet. Dies bedeutet, symbolisch den so mühsam erbauten Tempel zu zerstören, damit man ihn neu errichten kann. Es ist ebenso schwierig, diesen Zerstörungsprozess im eigenen Bewusstsein zu vollziehen, wie es schwierig ist, eine durch Studium und Opfer erworbene Kultur zu zerstören, um sie umzuformen, indem man sich selbst verwandelt.

Zur Zeremonie der Einweihung gehört auch diesmal ein Psychodrama oder eine sakrale Darstellung: die Geschichte des Großmeisters des Templer-Ordens Jacques de Molay mit dem Verrat, dem Prozess, der Verurteilung, dem Opfer und der Auferstehung in der Erinnerung der Freien und Gerechten.

Ein Gelöbnis mit hohem moralischem Gehalt besiegelt das Bündnis, und die Zeremonie schließt mit einer feierlichen Einsetzung, bei der der neue Ritter Kadosh (das Wort ist hebräisch und bedeutet »geweiht, heilig«) die Zeichen seines Grades anlegt und vom Vorsitzenden das mythische »Schwert der Dreißig« erhält.

31. Grad: Großinspektor – Inquisitor – Kommandeur

Für diesen Grad gibt es keine eigene Einweihungszeremonie. Der Kandidat muss nur ein Gelöbnis ablegen, das sich auf seine Funktion als Mitglied des Obersten Rates bezieht, der die innere Gerichtsbarkeit der Logen ausübt und unter anderem darüber zu wachen hat, dass kein Bruder sich von den Pflichten entferne, die er übernommen hat.

Philosophie und Meditationsgedanke dieses Grades ist: »Die gnostische Lehre bewahren.«

Abb. 13: Wappen des 31. Grades: Großinspektor – Inquisitor – Kommandeur

32. Grad: Prinz des Königlichen Geheimnisses
Hierbei handelt es sich um einen zusammenfassenden Grad. Der Grundgedanke der Philosophie heißt: »Die maurerische Organisation.«

Bei der Einweihungszeremonie begleitet wiederum der Zeremonienmeister den Kandidaten zur Tür des Tempels und klopft dort in der Weise des 31. Grades an. Nach den üblichen Feststellungen nimmt der Kandidat seinen Platz unter den Anwesenden ein. Der Vorsitzende richtet sich direkt an ihn und gestattet ihm, auf das »Feld der Prinzen« zu treten, wo er die verschiedenen Grade symbolisch durchgehen und überprüfen kann. Hierauf durchlebt er die Legende der Prinzen des Königlichen Geheimnisses, die bis zu den Kreuzzügen, dem Stein der Weisen und dem Großen Werk, der Kabbala, zurückgehen. Danach wird ihm gestattet, einen besonderen Raum zu betreten, eine Krypta, wo er symbolisch die Großen

Abb. 14: Wappen des 32. Grades: Prinz des Königlichen Geheimnisses

Meister treffen und anhören wird, das heißt die Gründer und Organisatoren von Religionen und Kulturen. Hierauf wird ihm aufgegeben, mit Intuition und Begreifen einige geheimnisvolle Fragen zu beantworten: Welches ist das zu erobernde »Heilige Land«? Welches ist der nächste zu erbauende Tempel? Wo befindet sich das Reich Gottes? Und – als Schlussfolgerung aus all dem –: Was ist das Königliche Geheimnis?

Gelöbnis und Amtseinführung schließen diese Zeremonie ab, die als die letzte wahre Initiation der Pyramide des Schottischen Ritus angesehen werden kann.

33. Grad: Souveräner General-Großinspekteur

Dieser letzte Grad beschließt die Hierarchie des Schottischen Ritus und der Weißen Freimaurerei. Nach der Überlieferung soll dieser Grad am 1. Mai 1786 von Friedrich dem Großen geschaffen worden sein.

Die Zeremonie ist schmucklos und nüchtern. Zum letzten Mal begleitet der Zeremonienmeister einen Kandidaten, der barfuß, mit auf der Brust gekreuzten Armen und einem Seil um den Hals erscheint, zum Tempel. Dort wiederholen sich Reisen und Prüfungen, die an die erste Einweihung des Lehrlings erinnern, doch diesmal finden sie auf einer höheren Bewusstseinsebene statt. Der Kandidat erkennt, weiß und vollbringt Handlungen »des Mutes und der Selbstverleugnung«, leistet das Gelöbnis auf das Heilige Buch und das Schwert; danach wird er feierlich geweiht und eingesetzt.

Dann reicht man ihm das Schwert und die Zeichen des neuen Grades: das Band, das Juwel und den Ring.

Abb. 15: Wappen des 33. Grades: Souveräner General-Großinspekteur

Das Band, das »Großes Band des Ordens« heißt, ist weiß, und wie Weiß die Synthese aller Farben ist, so ist der 33. Grad die Synthese aller vorgehenden.

Das Juwel ist ein doppelköpfiger Adler aus Silber, der in seinen Krallen das Schwert hält; es ist das Wappen des Grades und seiner Funktionen.

Der Ring trägt auf der Innenseite die Worte »Deus Meusque Ius« (Mein Gott und das Recht) und das Datum der Ernennung eingraviert.

Anhang

Interview mit einem alten Meister

Wie sind Sie Freimaurer geworden?

Mir gefällt der Titel dieses Interviews: » …mit einem alten Meister«. Ich muss zurückgehen zu einem besonderen Ereignis meines Lebens, aber ich möchte sofort sagen, dass es mir gefällt, nicht nur seit 35 Jahren Freimaurer und seit 30 Jahren Meister zu sein, sondern auf den Begriff des »Meisters« einzugehen, denn dies war mein erster akademischer Titel und hätte mein Beruf werden sollen.[20] Mit zwanzig Jahren war ich einer der vielen Grundschullehrer, die darauf warteten, zum Bewerbungsverfahren zugelassen zu werden. Ich habe den Begriff »Meister« immer dem Begriff »Lehrer« vorgezogen. Ich konnte gut mit den Kindern umgehen und dachte, dass dies der ideale Beruf für mich sei. Während der endlosen Wartezeit auf eine Stelle ergab sich die Möglichkeit, eine sehr interessante Aufgabe an einer Privatschule zu erhalten. Ich bekam eine Empfehlung: mein Onkel, ein Freimaurer, stellte mich dem Schulleiter, ebenfalls Freimaurer, vor. Aus der Herzlichkeit des Gespräches glaubte ich schließen zu dürfen, dass die Sache bereits »gelaufen« war. Ich betrachtete mich schon als aufgenommen. Nach

---

20 Das italienische Wort »maestro« bezeichnet nicht nur den Meister, sondern auch den Lehrer. Das Wortspiel ist leider im Deutschen nicht wiederzugeben.

kurzer Zeit erhielt ich die Antwort: Sie war negativ! Ich war betroffen und bat meinen Onkel um eine Erklärung. Er entgegnete mir: »Es ist ein anderer junger Mann angestellt worden, der ein paar Scheine mehr hatte als du … nichts Wichtiges, aber eben doch genug, um dich zu übertreffen.«

Diese Antwort machte mich ratlos und enttäuscht. Für mich war die Sache unverständlich, auch deshalb, weil ich in der Zwischenzeit erfahren hatte, dass mein Onkel ein »hohes Tier« war, Vorgesetzter des Schulleiters, und dass mein Konkurrent weder Empfehlungen besaß noch Freund der Freimaurer war. Ich versuchte, meinen Onkel zu bedrängen, doch der schnitt mir das Wort ab und gab mir eine knappe Antwort, die keine Erwiderung zuließ: »Jemand kann nur dann vorgezogen werden, wenn absolut gleiche Ausgangsbedingungen vorliegen. Für uns ist das so, und ich hoffe, du begreifst das.«

Nach kurzer Zeit hatte sich mein Groll vermindert, und wie aus Neugierde begann ich, über das Verhalten meines Onkels nachzudenken. Ich fing auch an, ihn sehr viel genauer zu beobachten. Ich bemerkte, dass er ein sehr ernster Mann war, gerecht und mit vielen Qualitäten, ebenso auch die Freunde, die ihn zu Hause besuchten. Inzwischen hatte ich eine Stelle im Personalbüro einer großen Firma erhalten, mit gutem Gehalt und der Möglichkeit, Karriere zu machen, wie es dann auch geschehen ist. Doch mein Jugendtraum von der Stelle als Lehrer blieb mir erhalten.

Ich hatte begonnen, einiges über die Freimaurerei zu lesen, Informationen über sie zu suchen. Als ich merkte, dass ich ein beachtliches Interesse entwickelt hatte, bat ich meinen Onkel, aufgenommen zu werden. Meine Bitte zeitigte nicht den Erfolg, den ich erhofft hatte. Mein Onkel sagte, ich solle warten, und einige Zeit später wieder: ich solle noch warten … Eine weitere Enttäuschung. Zwei Jahre später starb mein Onkel an einem Herzinfarkt; aus betrieblichen Gründen konnte ich nicht einmal zu seiner Beerdigung gehen. Einige Monate später überbrachte mir jemand einen Brief von ihm. Es war sozusagen ein Testament, mit Worten, die mich tief bewegten. Er bezog sich auf meine Bitte und schrieb in seinem nüchternen Stil, der interpretiert werden musste: »… Wenn dein Wunsch weiter besteht, meditiere und wähle allein den Weg, wie du dorthin gelangen kannst …«

Und ich habe gelernt zu meditieren, und ich habe gewählt. Ich habe selbst an eine Tür angeklopft, die nicht jene war, durch die mein Onkel gegangen war. Bescheiden habe ich angefragt, habe gewartet, habe mich in klarer und vollkommener Weise zu erkennen gegeben, habe Vertrauen gehabt … und am 13. Juni vor 35 Jahren habe ich meine erste Einweihung erhalten. Seit damals habe ich die gesamte hierarchische Leiter unserer Grade durchlaufen, habe Aufgaben erhalten, Befriedigung und Verdruss erfahren, und jetzt gehe ich noch nicht in Pension, auch wenn ich von der anderen Arbeit schon pensioniert bin. In der Freimaurerei bin ich ein Alter, der nicht aufhört zu arbeiten. Ich bleibe an meinem Platz, solange ich die Kraft haben werde, das zu tun, was ich in der äußeren Welt (wir nennen sie die profane) hätte tun wollen, nämlich zu lehren.

Ich weiß nicht, ob diese Erzählung ausreicht, um zu verstehen, wie ich Freimaurer geworden bin …

Ihre Erzählung ist klar, aber können Sie uns noch etwas mehr über die Freimaurerei sagen?

Für mich, und ich betone ohne jede Eitelkeit: für mich ist die Freimaurerei eine Schule, die durch die Einweihung, die Techniken der Meditation und der Gruppenarbeit das Bewusstsein und die Wandlung der eigenen Person anstößt, die Möglichkeit, nützlich zu sein und an einem höheren und göttlichen Plan mitzuarbeiten. Wenn ich, mehr oder weniger bewusst, den Wunsch verspüre, mich selbst besser zu erkennen und mich zu verändern, wenn ich mit anderen Energien in Berührung kommen, wenn ich die Beziehung zu meinen Mitmenschen besser leben, mich nützlich machen und erkennen will, auf Grund welchen göttlichen Planes ich auf die Welt gekommen bin – dann ist es nötig, dass ich diese Wünsche in Realität verwandle. Diese Verwirklichung kann auf verschiedenen Wegen erfolgen: zum Beispiel auf dem autodidaktischen, auf jenem der Ergebenheit gegenüber einem Meister oder auf jenem einer initiatischen Schule. In diesem letzten Sinne ist die Freimaurerei ganz besonders für uns Europäer geeignet. Sie kann helfen, dass jene Wünsche Wirklichkeit und Lebenspraxis werden.

Wollen Sie wissen, wie man in Kontakt tritt mit der Freimaurerei? Durch das Studium dessen, was die wahren Freimaurer geschrieben und getan haben. Ich unterstreiche das Wort Studium, das nicht oberflächliche Information bedeutet. In meinem Fall gab es zuerst eine etwas kontroverse Begegnung mit einem Freimaurer und dann das Studium. Im Laufe der Suche nach einem guten und aufmerksamen Kontakt kann es geschehen, dass ein Freimaurer, motiviert vom Wunsch nützlich zu sein, dem Profanen vorschlägt, die Erfahrung [der Mitgliedschaft] zu machen. Ein solcher Wunsch ist legitim, ja er entspricht der Pflicht eines jeden Freimaurers, zur Verbesserung und Wandlung der Menschheit beizutragen. Es handelt sich um den Geist des Proselytismus. Wie auch immer, es ist erforderlich, dass sich – direkt oder indirekt – der Wunsch entzünde, das »andere Sein« zu wecken oder besser wieder zu erwecken, das in jedem von uns lebt. Wenn der Prozess – denn es handelt sich um einen Prozess mit verschiedenen Phasen und Schattierungen – des Wunsches nach Licht und Erweckung beginnt, beginnt auch eine gewisse Einstellung der »Vorbereitung«, und dann wird das eintreten, was die Baghavadgita verkündet: »Wenn der Schüler bereit ist, tritt der Meister auf.« In diesem Fall kann der Meister auch ein einfacher Bekannter sein, der uns ermutigt, vielleicht nur dazu, an eine Tür anzuklopfen und um Informationen zu bitten.

Was ist die Arbeit des Freimaurers?

Auch auf diese Frage antworte ich mit meiner persönlichen Ansicht. Mein Ziel ist es, mich zu erkennen, um mich zu verändern, und auch den anderen zu helfen, sich zu erkennen, damit auch sie sich verändern können. Doch in der Praxis ist es nötig, selbst eingeführt oder erweckt, das heißt eingeweiht zu sein, und dann das Denken der anderen zu studieren und es mit dem eigenen zu vergleichen. Dieser Vergleich muss Grundgedanken erzeugen, über die man meditieren, meditieren, meditieren muss, bis man intuitiv die persönliche Sicht der Dinge erhält und seine eigenen schlüssigen Gedanken formen kann. Dies ist Arbeit des Freimaurers. In jedem Grad lernt der Freimaurer, auf andere Art zu denken, die deutende Erfahrung in der Gruppe zu erleben, wobei er jedes Mal neue Symbole oder neue Grundgedanken für die Meditation benutzt. Jedes Mal baut man sich – mit nicht geringer Mühe – eine neue Bewusstseinsebene der Gruppe und damit auch des Einzelnen auf. So lernt man, wenn auch langsam, seine Gedanken zu führen. Da, wie wir aus der Tradition und aus der subatomaren Physik wissen, die Energie dem Gedanken folgt, ist es leicht zu verstehen, was man mit einem gut ausgerichteten Gedanken zu bewirken vermag. Dies ist Arbeit des Freimaurers. Sie werden bemerkt haben, dass ich Ihnen keine direkten Antworten gebe wie aus dem Lexikon. Dies kommt von 35 Jahren Arbeit als Freimaurer. Auch im Gespräch versuche ich immer Antworten zu geben, die die Aufmerksamkeit und die Intelligenz des Gesprächspartners miteinbeziehen. Das dient dazu, das kann ich Ihnen versichern, die Antwort aus deinem eigenen Kopf, aus dir selbst kommen zu lassen. Um die Sprache der Freimaurerei zu gebrauchen: ich gebe dir die Ziegel und den Mörtel, aber das Gebäude musst du errichten. Wenn man auf eine Frage eine bündige, knappe Antwort erhält, gerät diese im Allgemeinen schnell in Vergessenheit, wie ein Stein, der vom Fluss weggeschwemmt wird. Wenn es dir auf Grund meiner Antwort jedoch gelingt, dir ein Bild zu erstellen, dir deine eigene Antwort zu entwickeln, wird diese Konstruktion sicher länger halten. Auch dies ist Freimaurer-Arbeit. Vergessen wir nicht, dass die Arbeit des Freimaurers jene ist, die im Bewusstsein mit Hilfe eines Instrumentes stattfindet: des Gedankens. Der Rest ist Erfahrung, die auf Grund ihrer Natur nicht mitteilbar ist.

Wer kann nicht als Freimaurer zugelassen werden?

Ich hätte eine positive Frage vorgezogen, denn so gestellt, könnte es scheinen, sie sei darauf gerichtet, Ausschlussgründe hervorheben, die dann missbraucht werden könnten. Ich antworte trotzdem, möchte aber vom Positiven ausgehen.

- Wer in die Loge eintreten will, muss die Tugend lieben und das Laster verdammen;
- eine freie Person sein;
- in der Lage sein, das Mysterium zu begreifen und zu durchdringen.

Natürlich hofft man, dass derjenige, der erklärt, die Tugend zu lieben und das Laster zu verdammen, nicht auf der Suche nach Vorteilen, Macht, Gelegenheiten sei. Man hofft, dass er begriffen habe, dass ihn nicht Erfolg oder Vergütung erwarten, sondern dass er arbeiten muss, um zu dienen. Eine freie Person darf keine Vorurteile oder Abneigung haben gegen Menschen unterschiedlicher Ideen, Religionen, Rassen oder sozialer Bedingungen. Schließlich bedarf, wer das Mysterium begreifen und durchdringen kann, keiner akademischen Titel und wird nur von seiner Sensibilität, seinem Wunsch, seinem Willen getrieben sein und dementsprechend arbeiten.

Wie Sie sehen, gibt es nur dann Ausschlüsse, wenn der gute Glaube fehlt, wenn Trägheit oder schlechte Einstellung vorliegen. Leider müssen wir zur Kenntnis nehmen, dass es viele Opportunisten und viele wenig ehrbare Menschen gibt, die alles daran setzen, in die Loge einzutreten, und wir müssen alles tun, um sie daran zu hindern. Dies ist auch nötig, weil sie das brüderliche Vertrauen gefährden könnten. Diese Art von Personen wünscht im Allgemeinen ja auch nicht, sich zu erkennen und noch viel weniger sich zu wandeln, und deshalb ist ihre Anwesenheit in der Freimaurerei zumindest unangebracht.

Wenn wir zurückkehren zum Wunsch, das Mysterium des Menschen, seines Ursprunges und seiner Zukunft zu begreifen und zu durchdringen, sind wir überzeugt, dass in dieser Richtung auch jene aktiv sein können, die gerade lesen und schreiben können. Es ist auf der anderen Seite ja bewiesen, dass gerade hochtrabende, mit akademischen Titeln geschmückte und bedeutende Rollen ausübende Redner gegenüber dem Mysterium taub und unsensibel sind. Jemand hat gesagt, dass der Weg leichter sei für einen Weisen als für einen Gelehrten. Wie Sie sehen – um auf Ihre Frage zurückzukommen – schließen sich die Opportunisten, die Trägen und die Misstrauischen von selbst aus.

Kann man aus der Loge austreten?

Natürlich. Jeder Freimaurer ist ein freier Mann und kann seine Loge und seinen Ritus mit einer einfachen schriftlichen Nachricht verlassen. In der maurerischen Sprache sagt man, der Bruder habe begehrt, sich »schlafen zu legen«. Das heißt, dass er auch wieder »aufwachen« kann. Natürlich kann die Loge auch einen fehlgeleiteten Bruder ausschließen, der seine Pflichten nicht erfüllt und der Organisation Schaden zufügt.

Wie reagieren Sie angesichts von Verfehlungen?

Wie jedes menschliche Wesen, das gekränkt worden ist, das erlebt hat, wie ein Bündnis des Vertrauens verletzt und verraten worden ist. Zunächst spürt man eine unmittelbare instinktive Reaktion, doch dann treten Ruhe und die richtige, vernünftige Überlegung an ihre Stelle, und man beginnt sich einige Fragen zu stellen: Warum war man nicht aufmerksamer? Warum hat man sich nicht um eine bessere Beziehung bemüht? Warum ist die erwartete Wandlung nicht eingetreten? In den vielen Jahren meiner Arbeit habe ich gelernt, dass auch im gröbsten Übeltäter ein göttlicher Funke steckt, der wieder angefacht werden kann, sodass sich ein Feuer ausbreitet, das jede abwegige Struktur verbrennen und zerstören kann. Der Meister leidet unter den Verirrungen, so wie jeder verantwortungsbewusste Lehrer leidet, wenn ein Schüler vom rechten Weg abweicht. Es kommt ein Gefühl der Bitterkeit hinzu, das man schwer überwinden kann. Es ist leicht und bequem zu behaupten, dass es sich um Brüder handelt, die sich falsch verhalten wollten, die den Weg des Schlechten und vielleicht auch der »Gegen-Einweihung« gewählt haben. Man kann so denken und seiner Seele vorübergehend Frieden schenken, und doch – wenn wir die Vernunft nicht völlig einschläfern, so bleibt doch immer etwas, was wir uns vorzuwerfen haben. Auf der Ebene des Gewissens leiden wir, und es ist vor allem das Gewissen der Gruppe, das nicht so tun kann, als sei nichts geschehen. Die Freimaurerei als Schule und Institution muss sich oberhalb feindlicher Handlungen halten, und so entfernt und enterbt sie zum Wohle der Familie die Söhne, die vom rechten Weg abgewichen sind. Das ist richtig, aber es kann nicht verhindern, dass in uns Schmerz und Nachdenklichkeit bleiben. Kein Urteil kann uns daran hindern zu hoffen, dass sich eines Tages wiederholen könnte, was im Gleichnis mit dem verlorenen Sohn geschehen ist. Keiner kann einen Bruder daran hindern, sich zu retten, auch wenn ihm der Rückweg versperrt ist.

Mein Denken ist – in 35 Jahren als Freimaurer – immer positiver und meine Einstellung immer optimistischer geworden. Persönlich bin ich überzeugt, dass, wer die freimaurerische Initiation erhalten und tief über unsere Symbole meditiert hat, eines Tages seine Irrtümer bemerken und den Weg finden wird, um seine Seele zu retten. Dies sind jedoch meine persönlichen Überlegungen; geben Sie acht, sie nicht zu verfälschen. Es sind Gedanken eines freien Mannes, der den Gehorsam gegenüber einer initiatischen Gemeinschaft gewählt hat.

Natürlich geben der Orden und seine Organe keine Erklärungen ab, sondern sie wachen darüber, dass kein Bruder sich von unserem Weg, unseren Grenzen und unserer Verfassung entferne. Die Entscheidungen des Ordens können nicht auf derselben Ebene beurteilt werden wie meine.

Wie denken Sie über die verschiedenen »Freimaurereien«?

Auch diese Frage ist provokant und könnte mich zu unerfreulichen Feststellungen veranlassen. Meiner Ansicht nach befindet sich innerhalb der Grenzen der Freimaurerei, die ich kenne und der ich angehöre, wer sich an die Verfassung von Anderson, die Land Marks und den A. u. A. Schottischen Ritus hält. Die verschiedenen Unterteilungen und die unterschiedlichen Haltungen beruhen auf Gruppen, Personen, Vorstehern. Die Wahrheit ist, dass die »Söhne der Witwe« solche sind oder eben nicht. Deshalb sehe ich mich nicht in Gegensatz oder Widerspruch zu irgendeiner regulären Freimaurer-Gruppe, wobei ich unter »regulär« diejenigen verstehe, die nach den allgemein anerkannten und niedergelegten maurerischen Regeln arbeiten.

Oft spricht man von »Anerkennung«, aber diese betreffen nur Bündnisse zwischen Freimaurer-Organisationen verschiedener Länder. Was heißt »Anerkennung«? Existiert etwa eine Loge nicht, wenn sie von einer anderen nicht anerkannt ist? Dieses Argument macht mich lachen. Existierte etwa China nicht, bevor Amerika es anerkannte? Wenn ein Orden international ist, d.h. auf allen Kontinenten präsent, bedarf es keiner Anerkennung, auch nicht durch Großbritannien, das das Vaterland der modernen Freimaurerei ist. Haben die amerikanischen Kooperativen etwa die Anerkennung durch die europäischen nötig, nur weil diese früher existierten?

Ich selbst besuche jede Johannis-Loge, die ich finde – wenn sie mich empfangen will –, und der Orden, dem ich angehöre, exkommuniziert mich deshalb nicht. Ich bin sicher, dass die Verbote, die dogmatischen Auffassungen, die Ressentiments zur Auflösung führen. Das Wassermann-Zeitalter wird dafür sorgen, dass sie verschwinden.

Wie Sie sehen, denke ich über die verschiedenen Freimaurereien, wie Sie sie nennen, gar nichts, denn für mich ist die Freimaurerei eine, auch wenn sie aus verschiedenen Gruppierungen besteht.

Anerkennt der Orden, dem Sie angehören, die Frauen?

Ich habe diese verfängliche Frage erwartet, die das Gespräch auf das »Problem Frau« bringt und mich dazu zwingt, einiges zu erklären, das manchem konservativem Bruder nicht gefallen wird.

Leider gibt es in Italien – aber auch in anderen Ländern – männliche Richtungen, die keine Frauen aufnehmen, andere, die sie aufnehmen, wieder andere – weibliche –, die keine Männer aufnehmen. Ich hatte Glück, da ich einem Freimaurer-Orden angehöre, der von seiner Gründung im Jahre 1893 an Mann und Frau als absolut gleichberechtigt angesehen hat. Beide können eingeweiht werden, ohne jeden Unterschied. Beide können die Stufenleiter der Grade durchlaufen ohne jeden Unterschied. Sie erhalten Anerkennung und Strafe ohne jeden Unterschied. Es ist ein Orden, der bereits gemischt entstand. Und das ist keine Neuheit der Moderne: es gibt Präzedenz-Fälle wie die Druiden, die Rosenkreuzer und andere. Fragen Sie mich nicht nach meiner Meinung; ich denke, dass sie aus meiner Zugehörigkeit deutlich wird. Fragen Sie mich nicht nach dem Namen des Ordens, denn Sie selbst haben in Ihrer Untersuchung von ihm gesprochen.

Ist es heute noch aktuell, Freimaurer zu sein?

Wenn Sie unter »aktuell« verstehen: modisch, dann ist die Antwort flüchtig wie die Mode selbst. Wenn es aber bedeutet: »nützlich«, auch in dieser Zeit, dann antworte ich mit ja. Wenn im Menschen von heute noch der Wunsch und der Wille bestehen – und es gibt noch eine Reihe weiterer »Wenn«, zu denen die Freimaurerei eine beachtliche Hilfe geben kann. Übrigens trage ich noch immer einen »Dekalog« von solchen Wenn-Sätzen mit mir, die ich in einem Büchlein gefunden habe, das von einer anderen Loge (der Gran Loggia d' Italia di Piazza del Gesù) herausgegeben wurde. Ich habe sie abgeschrieben und benutze sie jedes Mal, wenn mir jemand diesbezügliche Fragen stellt.

Hier sind sie – sie sprechen zu allen:

Wenn du den gestirnten Himmel betrachtest und dabei Freude und Erregung spürst …

Wenn du an Gott und an die Unsterblichkeit der Seele glaubst …

Wenn in dir die Sehnsucht herrscht, das Geheimnis deiner selbst und den spirituellen Auftrag zu erkennen, der deinem Leben anvertraut ist …

Wenn du von einem Gefühl der Einsamkeit erfüllt bist und an den Wert der Brüderlichkeit glaubst …

Wenn du Familie und Menschheit als dir übergeordnet betrachtest …

Wenn du das Unglück der Menschen zu lindern wünschst …

Wenn du die Armen liebst und es dir Freude macht, ihnen zu helfen …

Wenn du dich als rechtschaffen, tüchtig, anständig und als Feind des Bösen betrachtest …

Wenn dir Gewalttätigkeit zuwider ist und du die Liebe als den einzigen Baustein jeden moralischen Aufbaus ansiehst …

Wenn du in Bescheidenheit die Führung durch einen Weisen wünschst …

… dann kannst du Freimaurer werden.

Denken Sie, diese zehn »Wenn« seien nicht aktuell? In jedem dieser Sätze steckt eine potentielle geistige Verfassung, die sich zu verwirklichen wünscht, die nicht eingeschlossen bleiben will in die Unbestimmtheit eines Wunsches, sondern sich konkretisieren möchte. Nun: diese Verwirklichung braucht Regeln, Meister, Mitarbeiter, kurz: eine umfassende Hilfe, wie sie die maurerische Schule immer gegeben hat und auch heute noch geben kann. Solange es Studierende geben wird, die lernen wollen, so lange wird es eine Schule geben, die sie zu erziehen sucht. Solange es Lehrlinge geben wird, wird die maurerische Schule erziehen wollen im Sinne des lateinischen Wortes »e-ducere«, herausführen. Ich möchte an Plutarch erinnern, der etwa Folgendes sagte: »Der Schüler ist kein Gefäß, das man füllen, sondern ein Feuer, das man entzünden muss.« Zweifeln Sie noch immer daran, dass eine solche Schule als Instrument der Erziehung zeitgemäß sein könnte?

Es kann geschehen, dass das Wünschenswerte sich nicht realisieren lässt, aber das ist dann sicher nicht Schuld der Idee der Erziehung, sondern allein jener, die sie nicht anzuwenden verstehen. Freimaurer sein heißt für mich: ganz oder teilweise die Anforderungen jener zehn »Wenn« verwirklicht zu haben und anderen dabei zu helfen, sie zu verwirklichen. Ich bin immer mehr davon überzeugt, dass all dies nicht nur zeitgemäß ist, sondern auch richtig und schön.

Was raten Sie einem Profanen, der Freimaurer werden möchte?

Die Antworten sind bereits in Ihrem Buch enthalten, aber ich glaube zu verstehen, dass Sie dennoch möchten, dass ich dem Profanen einige Ratschläge gebe. Sehen Sie, das Problem ist, dass ich gar nicht gerne Ratschläge gebe, und ich weiß auch nicht, ob ich gute Ratschläge geben kann.

Wenn ein Profaner Rat sucht, heißt das, dass er schon etwas weiß oder doch wissen möchte. In diesem Falle muss er zunächst einmal – wie ich glaube schon gesagt zu haben – sich kundig machen, was über die Freimaurerei geschrieben wurde. Es gibt viele Bücher, gute und weniger gute, die man lesen kann. Doch nicht mit den Augen dessen, der Romane liest, sondern einer Person, die wirklich interessiert ist, die dort das sucht, was sie und nur sie betreffen könnte. Und es ist diese Person selbst, die das wahre Objekt ihrer Suche entdecken muss: wer sie ist, woher sie kommt, wohin sie geht. Wenn sie dann zu einem Ergebnis gekommen ist, muss sie sich fragen, ob das, was sie gefunden hat, ausreicht, um sie anzuspornen, es am eigenen Leib erfahren zu wollen. Sie muss sich ernsthaft fragen, ob sie wirklich diese Reise machen will, von der sie nicht als dieselbe Person zurückkehren wird. Und sie muss sich fragen, ob sie in der Lage sein wird, zahlreiche Brücken zu Dingen abzubrechen, die sie umgeben und zerstören, um sich einem wirklich neuen Leben zu widmen.

Wenn sie eine annehmbare Antwort auf diese Fragen gefunden hat, wie auch auf die anderen, die ihr der innere Meister eingeben wird, dann kann sie beginnen zu suchen, das heißt sich vorzubereiten auf den Meister, den sie treffen soll. Wenn sie gut vorbereitet ist, wenn sie bereit ist, muss sie sehr achtsam sein, um auf ihrem Weg den vorläufigen Meister zu finden, der ihr helfen wird, zu einer Reise aufzubrechen, die sie zum wahren Meister führen wird, zu jenem, der schon immer tief in ihr selbst ruht. Es handelt sich um die eigene Entwicklung, die der Initiation immer vorausgehen sollte.

Wie Sie sehen, habe ich weniger Ratschläge geben können, als weitere »Wenn« anbieten, die sich im Übrigen immer auf unserem Weg finden. Auch der Dichter Rudyard Kipling – ein Bruder – hat ein Gedicht geschrieben mit lauter »Wenn« – aber vielleicht erinnern Sie sich an den englischen Titel »If«.

Wenn der Profane keinen Freimaurer trifft, der ihm von der Maurerei spricht und ihn einführt, muss er selbst, wie der Prophet, »zum Berg gehen«. Er wird ungewohnte Treppen hinaufsteigen, an ungewohnte Türen klopfen, mit ungewohnten Personen sprechen. Er wird mit offenem Herzen und wachsamem Geist sprechen müssen. Tatsächlich werden sein Herz und sein Geist ihn auf den richtigen Gesprächspartner aufmerksam machen. Es braucht Geduld, Verlangen, Geduld, Wollen, Geduld … bis zum Ergebnis.

Vielleicht haben Sie andere Ratschläge erwartet, praktischere Antworten, aber wie ich schon sagte: ich bin ein Maurer-Meister, der keine Rezepte gibt, sondern hilft sie zu entdecken, sie zu suchen, sie aus dem eigenen Ich herauszuholen. Auch Ihrem Profanen würde ich raten, sich selbst zu fragen, ob er etwas für sich selbst sucht, und wenn er dessen sicher ist, nie vor der Meinung anderer Halt zu machen. Er soll es selbst sein, und nur er, der die Erfahrung macht und dabei auch auf Ratschläge anderer verzichten kann – angefangen bei meinen eigenen.

Verzeichnis aller zu A. F. u. A. M. v. D. gehörenden Logen

Aachen, Zur Beständigkeit und Eintracht
Ansbach, Alexander zu den 3 Sternen
Aschaffenburg, Post Nubila Phoebus
Augsburg, Augusta

Baden-Baden, Badenia zum Fortschritt
Bad Hersfeld, Lingg zur Brudertreue
Bad Homburg, Zur Freiheit
Bad Nauheim, Ludwig zu den drei Sternen
Bad Pyrmont, Friedrich zu den drei Quellen
Bad Reichenhall, Bruderkette am Untersberg
Bad Sassendorf, Zur Brüderlichkeit in der Börde
Bamberg, Zur Verbrüderung an der Regnitz
Bayreuth, Eleusis zur Verschwiegenheit

Bayreuth, Forschungsloge Quatuor Coronati
Berlin
Urania zur Unsterblichkeit
Friedrich Wilhelm zur gekrönten Gerechtigkeit –
Pythagoras zum flammenden Stern
Zur siegenden Wahrheit
Victoria
Hammonia zur Treue
Friedrich Ludwig Schroeder
Galilei zur ewigen Wahrheit
Germania zur Einigkeit
Pestalozzi-Humanitas
Zum Spiegel der Wahrheit
Zu den Alten Pflichten
Die Brücke an der Spree
Excelsior zum Fortschritt
Zur Werkstatt
Avantgarde
Bielefeld
Armin zur Deutschen Treue
Freiherr vom Stein
Bingen, Zum Tempel der Freundschaft
Bochum, Zu den drei Rosenknospen
Bonn
Prometheus
Kosmos
T.G. Masaryk
Miguel de Cervantes Saavedra
Braunschweig, Carl zur gekrönten Säule
Bremen

Friedrich Wilhelm zur Eintracht
Zur Hansa
Herder
Anschar zur Brüderlichkeit
Roland zu den Alten Pflichten
Bremen-Vegesack
Anker der Eintracht
Klaar Kimming
Bremerhaven
Zu den drei Ankern
Zum rechtweisenden Kompass

Celle
Zum hell leuchtenden Stern
Aurora zum hell leuchtenden Stern
Augusta zum hell leuchtenden Stern
Chemnitz, Zur Harmonie
Clausthal-Zellerfeld, Georg zur gekrönten Säule
Coburg, Zur fränkischen Krone

Darmstadt, Johannes der Evangelist zur Eintracht
Delmenhorst, Lessing an der Delme
Dessau, Zu den drei Säulen
Detmold, Zur Rose am Teutoburger Wald
Dinkelsbühl, Zu den drei Türmen
Dortmund, Zur alten Linde
Dresden
Zu den drei Schwertern und Asträa zur grünenden Raute
Zum Goldenen Apfel

Düsseldorf
Die Drei Verbündeten
Friedrich Heinrich Jacobi
Spectemur Agendo
Duisburg, Zur Deutschen Burg

Einbeck, Georg zu den drei Säulen
Emden, Wahre Treue zur Ostfriesischen Union
Emmerich, Pax inimica malis
Erfurt, Alpha Ori
Erlangen, Libanon zu den 3 Cedern
Essen
Alfred zur Linde
Schiller
Esslingen/Neckar, Zur Katharinenlinde
Eutin, Zum Goldenen Apfel

Flensburg, Leuchte im Norden
Frankenthal, Zur Freimütigkeit am Rhein
Frankfurt/M
Zur Einigkeit
Sokrates zur Standhaftigkeit
Carl Zum Aufgehenden Licht
Lessing
Freiburg/Brsg
Humanitas zur Freien Burg
Aquarius
Freudenstadt, Zuflucht im Schwarzwald
Friedberg, Ludwig zu den drei Sternen
Fürth, Zur Wahrheit und Freundschaft

Gardelegen, Drei Türme im Hopfenfeld
Garmisch-Partenkirchen, Rose im Alpenland
Gelsenkirchen, Glückauf zum Licht
Giessen, Ludewig zur Treue
Gifhorn, frm. Vereinigung der Loge Carl zur siegenden Wahrheit (Wolfsburg)
Görlitz, Zur gekrönten Schlange
Göttingen, Augusta zum Goldenen Zirkel
Goslar, Hercynia zum flammenden Stern
Greifswald, Eldena
Gummersbach, Zur Oberbergischen Treue
Halberstadt, Friedrich zur Morgenröthe
Halle, Zu den fünf Türmen am Salzquell
Hamburg
- Absalom zu den drei Nesseln
- Georg zur grünenden Fichte
- Emanuel zur Maienblume
- Ferdinande Caroline zu den drei Sternen
- Ferdinand zum Felsen
- Zur Bruderkette
- Ernst August zum goldenen Anker
- Globus
- Roland
- Armin zur Treue und Einigkeit
- Konrad Ekhof
- Alte Treue
- Zur deutschen Nordmark
- Im Sonnenwinkel
- Zur Erkenntnis
- Friedrich Ludwig Schröder

Zur Brudertreue an der Alster
Die Brückenbauer
St. Michael am Strom
Am rauhen Stein
Theodor Vogel

Hameln, Zur Königlichen Eiche
Hamm, Zum hellen Licht
Hanau, An Erwins Dom
Hannover

Friedrich zum weißen Pferde
Zum Schwarzen Bär
Baldur
Licht und Wahrheit
Licht des Lebens
Georg am Hohen Ufer

Hann.-Münden, Pythagoras zu den drei Strömen
Heidelberg, Ruprecht zu den fünf Rosen
Heilbronn, Zum Brunnen des Heils
Herford, Zur Roten Erde
Herne, Eiche auf roter Erde
Bad Hersfeld, Lingg zur Brudertreue
Hildesheim, Pforte zum Tempel des Lichts
Hof/Saale

Zum Morgenstern
Arche

Holzminden, FREI und OFFEN
Bad Homburg, Zur Freiheit

Idar-Oberstein, Zum Felsentempel
Ingolstadt, Theodor zur festen Burg

Iserlohn, Zur Deutschen Redlichkeit

Jena, Friedrich zur ernsten Arbeit
Jever, Blücher
Jülich, Wahrheit und Einigkeit zu den 7 vereinigten Brüdern

Kaiserslautern
- Galilei
- Wolfgang Amadeus Mozart

Karlsruhe
- Leopold zur Treue
- Friede und Freiheit

Kassel
- Goethe zur Bruderliebe
- Durch Licht zum Frieden
- Tor zum Osten

Kempten/Allg., Zum hohen Licht
Kiel, Fritjof zum Nesselblatt
Kitzingen, Thekla – eine Leuchte in Franken
Koblenz, Friedrich zur Vaterlandsliebe
Köln
- Zum Ewigen Dom
- Ver Sacrum
- Albertus Magnus

Konstanz, Constantia zur Zuversicht

Lahr, Allvater zum freien Gedanken
Langen, L'Union Resurgente
Leer, Georg zur wahren Brudertreue

Leipzig
  Minerva zu den drei Palmen
  Zum weißen Bär
  Athene zur Einigkeit
Limburg, Zu den drei Türmen an der Lahn
Lindau, Insel zu den Drei Ufern
Lippstadt, Zum lebendigen Kreuz
Ludwigsburg, Johannes zum wiedererbauten Tempel
Ludwigshafen, Pylon zur Leuchte am Rhein
Lübeck
  Zur Weltkugel
  Zur Weltbruderkette
Lüneburg, Selene zu den drey Türmen
Lünen, Einigkeit in Freiheit

Magdeburg, Harpokrates
Mainz, Die Freunde zur Eintracht
Mannheim
  Carl zur Eintracht
  Im Quadrat
  Zur Sonne im rechten Winkel
  Im Licht der Pyramide
  Kurpfalz
Marburg, Zu den drey Löwen
Meerbusch, Heinrich Heine
Meiningen, Georg Liberalitas
Meissen/Sachsen, Zur Akazie
Michelstadt/Erbach, Zu den drei Sternen im Odenwald
Mönchengladbach
  Vorwärts

Brüderlichkeit
Mühlhausen, Hermann zur brüderlichen Einigkeit
Müheim/Ruhr, Broich
München
Zur Kette
In Treue Fest
Empor zu Mozarts Licht
Lessing zum flammenden Stern
Acacia
Ad Astra
Zur königlichen Kunst
Zur Sonne an der Isar
U tri hvezd
Münster/Westf.
Zu den Drey Balken
Müffelmann zur Treue

Neustadt (Vorwahl 06321), Zur Freundschaft a.d. Haardt
Neuwied, Zur Wahrheit und Treue
Nienburg, Georg zum silbernen Einhorn
Norderstedt, Zum rechten Winkel
Nordhausen/Thüringen, Roland zur Eintracht
Northeim, Otto zu den fünf Türmen
Nürnberg
Joseph zur Einigkeit
Zu den drei Pfeilen
Albrecht Dürer
Zur Wahrheit
Luginsland

Offenbach, Carl und Charlotte zur Treue
Osnabrück, Zum Goldenen Rade
Osterode, Zum Tempel der Eintracht

Paderborn, Zum leuchtenden Schwerdt
Passau, Zu den vereinigten drei Flüssen
Pforzheim, Reuchlin
Pirmasens, Zur Treue am Berge Horeb
Potsdam, Stern von Sanssouci
Bad Pyrmont, Friedrich zu den drei Quellen

Quedlinburg, Zur beständigen Freiheit

Recklinghausen, Hunsrück
Regensburg
Bad Reichenhall, Bruderkette am Untersberg
Reutlingen, Glocke am Fuße der Alb
Rosenheim, Zu den drei Rosen am Inn
Rostock, Zu den drei Sternen
Rothenburg o.T., Zu den drei Türmen

Saarbrücken
    Bruderkette zur Stärke und Schönheit
    Humanitas zu den drei Rosen
Saarlouis, La Bonne Harmonie – Zur Guten Eintracht
Salzgitter, Glückauf zum lichten Tag
Bad Sassendorf, Zur Brüderlichkeit in der Börde
Siegen, Zu den drei eisernen Bergen
Solingen, Zur Bergischen Freiheit
Schliengen, Aurum Nostrum

Schopfheim, Friedrich zur Eintracht
Schwäbisch Gmünd, Zu den drei Rosen im Remstal
Schweinfurt, Brudertreue am Main
Schwerin, Eintracht in Freiheit
Stade, Friederike zur Unsterblichkeit
Stadthagen, Albrecht Wolfgang
Starnberg, Rauher Stein
Steinfurt-Burgensteinfurt, Ludwig zum flammenden Stern
Stralsund, Sundia zur Wahrheit
Stuttgart
  Furchtlos und Treu
  Zu den drei Cedern
  Sarastro
  Erasmus

Traunstein, Zu den drey Huegeln an der Traun
Trier, Zum Verein der Menschenfreunde

Uelzen, Georg zur Deutschen Eiche
Ulm
  Carl zu den drei Ulmen
  C.D. Hassler

Velbert, Zu den drei Rosen in Niederberg
Villingen-Schwenningen, Zukunft an den Quellen der Donau

Weimar, Anna Amalia zu den drei Rosen
Wesel, Zum Goldenen Schwerdt
Wetzlar, Wilhelm zu den drei Helmen

Wiesbaden
    Plato zur beständigen Einigkeit
    Mozart zur Liebe und zur Pflicht
    Humanitas zu den drei Lilien
    Zur erstrebten Weisheit
Wilhelmshaven, Wilhelm zum silbernen Anker
Willich, Die Freunde am Weiher
Wolfenbüttel, Wilhelm zu den drei Säulen
Wolfsburg, Carl zur siegenden Wahrheit
Worms, Zum wiedererbauten Tempel der Bruderliebe
Würzburg, Zu den zwei Säulen an der festen Burg
Wunsiedel, Brudertreue an der Luisenburg
Wuppertal
    Hermann zum Lande der Berge
    Lessing

Zweibrücken, Zwei Brücken auf den drei Säulen

Verzeichnis aller zur »Grossen National-Mutterloge« gehörenden Logen

Arnsberg, Westphalia zur Eintracht
Bad Kreuznach, Die vereinigten Freunde an der Nahe
Bad Salzuflen, Quell der Wahrheit
Berlin
    Zur Eintracht
    Zum flammenden Stern
    Zu den drei Seraphim

Zur Verschwiegenheit
Blücher von Wahlstadt
Zur Treue
Bruderbund am Fichtenberg
Drei Lichter im Felde
Zur siegenden Sonne
Am Berge der Schönheit
Rind der Ewig
Friedrich der Große / Prometheus
Zu den drei Lilien
Zum schwarzen Adler
François-Marie Arouet Aux Trois Boussoles
Bonn, Beethoven zur ewigen Harmonie
Brandenburg, Friedrich zur Tugend
Braunschweig, Friedrich zur Beständigkeit
Bremen, Zum silbernen Schlüssel
Burg, Adams zur heiligen Burg
Düsseldorf, Johann Wolfgang Amadeus Mozart
Eberswalde, Friedrich Wilhelm zu den drei Hammern
Frankfurt a.M., Aufwärts zum Licht
Frankfurt a.d.O., Zum aufrichtigen Herzen
Gera, Licht am Osterstein
Güstrow, Phoebus Apollo
Hamburg, Vom Fels zum Meer
Hannover, Wilhelm zur deutschen Treue
Helmstedt, Julia Carolina zu den drei Helmen
Krefeld, Zu den drei schwarzen Adlern
Luckau, Zum Leoparden
Magdeburg, Ferdinand zur Glückseligkeit
Meiningen, Charlotte zu den drei Nelken

Perleberg, Zur Perle am Berge
Potsdam, Teutonia zur Weisheit
Remscheid, Zur Stadt auf dem Berge
Rödental, Freiherr von Leibniz
Soest, Zur Bundeskette
Torgau, Friedrich Wilhelm zu den drei Kränzen
Werningerode, Zum starken Licht am Brocken – Zur Eiche am Scharfenstein

Register

Durch das Zeugnis der in diesem Buch versammelten Persönlichkeiten erfahren wir, daß Einweihung ein Prozeß ist, der sich nicht im geheimnisvollen Rahmen von Zeremonie und Ritus vollziehen muß. Wer sich für die Offenheit des Geistes entscheidet, erlebt das Wunder der stufenweisen Einweihung. Und dennoch lehren uns gerade die wahrhaft magischen Personen, daß Einweihung im Grunde jedem Menschen zuteil werden kann, denn die wirkliche spirituelle Erfahrung spielt sich in der Tiefe der menschliche Seele ab. Die großen Eingeweihten der letzten drei Jahrtausende können uns dabei Vorbild und Partner sein. Somit stellt diese Werk eine spirituelle Reise dar, die wir gemeinsam mit den großen Gestalten der Einweihung unternehmen können, um dem Geheimnis des Lebens näherzukommen.

ISBN 3-404-70146-1

BASTEI
LÜBBE

Vor 2500 Jahren vermochten die Druiden das »Tor in die Anderswelt« sowohl geistig als auch real zu öffnen. Ziel dieses Überschreitens der »Brücke von Avalon« war das Erkennen einer vierten Dimension, die mit den drei bekannten unsichtbar und dennoch greifbar verflochten ist. So schufen die weisen Frauen und Männer der Kelten eine Kosmologie, die Mensch, Natur und Weltall harmonisch in Einklang bringt.
Später versuchten die römischen Eroberer mit brutaler Gewalt, dieses »Große Wissen« auszumerzen, doch verborgen lebte die Botschaft der Druiden weiter – und kann nach ihrer Wiederentdeckung zum Ausweg aus dem gegenwärtigen Dilemma der Menschheit werden.

ISBN 3-404-70133-X

BASTEI LÜBBE